Ernst Haeckel

Freie Wissenschaft und freie Lehre

Ernst Haeckel
Freie Wissenschaft und freie Lehre
ISBN/EAN: 9783743440647

Hergestellt in Europa, USA, Kanada, Australien, Japan

Cover: Foto ©ninafisch / pixelio.de

Weitere Bücher finden Sie auf **www.hansebooks.com**

# Freie Wissenschaft und freie Lehre.

Eine Entgegnung

auf

Rudolf Virchow's Münchener Rede

über

„Die Freiheit der Wissenschaft im modernen Staat".

Von

Ernst Haeckel.

Impavidi progrediamur!

Stuttgart.
E. Schweizerbart'sche Verlagshandlung (E. Koch).
1878.

Inhalt.

	Seite
Vorwort	1
I. Entwickelung und Schöpfung	9
II. Sichere Beweise der Abstammungslehre	15
III. Schädeltheorie und Affentheorie	28
IV. Zellseele und Cellular-Psychologie	40
V. Genetische und dogmatische Lehr-Methode	51
VI. Descendenz-Theorie und Social-Demokratie	70
VII. Ignorabimus et Restringamur	78

Anhang:
Einige Stimmen der Presse über Virchow's Münchener Rede 94

Vorwort.

Als im October vorigen Jahres die Rede über „die Freiheit der Wissenschaft im modernen Staate" gedruckt erschien, welche RUDOLF VIRCHOW am 22. September d. J. auf der fünfzigsten Versammlung deutscher Naturforscher und Aerzte zu München gehalten hatte, wurde ich von vielen Seiten aufgefordert, auf dieselbe eine Antwort zu ertheilen. Eine solche Antwort meinerseits erschien wohl gerechtfertigt durch die starken Angriffe, welche VIRCHOW in seiner Rede gegen meinen, vier Tage früher in derselben Versammlung gehaltenen Vortrag über· „die heutige Entwickelungslehre im Verhältnisse zur Gesammtwissenschaft" gerichtet hatte. Die allgemeinen Ansichten, welche VIRCHOW dabei entwickelt, ergeben einen so tiefgreifenden Gegensatz unserer beiderseitigen wichtigsten Principien und berühren so sehr unsere werthvollsten moralischen Ueberzeugungen, dass an eine Versöhnung derselben nicht mehr gedacht werden kann. Trotzdem unterliess ich es, die naheliegende Entgegnung zu veröffentlichen, und zwar aus zwei Gründen, aus einem sachlichen und einem persönlichen.

In sachlicher Beziehung glaubte ich, die Entscheidung in dem zwischen uns ausgebrochenen Streite getrost der Zukunft überlassen zu können. Denn einerseits ist thatsächlich die von VIRCHOW bekämpfte Entwickelungslehre heute bereits dergestalt zur festen Grundlage der biologischen Wissenschaften und zum werthvollsten Geistes-Erwerb der gebildeten Menschheit geworden, dass weder der Fluch der Kirche, noch der Widerspruch der grössten wissenschaftlichen Autorität — und heisse sie auch Virchow! — Etwas mehr daran ändern kann. Anderseits sind die meisten Gründe, welche derselbe namentlich gegen die Descendenz-Theorie anführt, schon so oft erörtert und so gründlich widerlegt worden, dass eine erneute nochmalige Widerlegung in der That überflüssig erscheinen kann.

In persönlicher Beziehung widerstrebte es mir auf das Höchste, einem Mann entgegenzutreten, den ich vor einem Vierteljahrhundert als Reformator der medicinischen Wissenschaft hatte kennen und verehren lernen, zu dessen eifrigsten Schülern und begeistertsten Anhängern ich damals gehörte; zu dem ich später als sein Assistent in die nächsten Beziehungen trat, und mit dem auch nachher noch freundschaftliche Verhältnisse mich verbanden. Je lebhafter ich schon seit Jahren Virchow's Stellung als Feind unserer neuen Entwickelungslehre bedauerte, und je mehr ich durch seine widerholten Angriffe auf letztere zu einer Entgegnung herausgefordert wurde, desto weniger Neigung fühlte ich trotzdem, als Gegner des hochverehrten und verdienstvollen Mannes öffentlich aufzutreten.

Wenn ich nun jetzt dennoch zu einer Entgegnung mich gezwungen sehe, so geschieht dies in der Ueberzeugung, dass längeres Schweigen die irrthümlichen Anschauungen noch vermehren dürfte, die meine bisherige Resignation bereits hervorgerufen hatte. Zugleich glaube ich, gerade wegen der besonderen Theilnahme, mit welcher ich Virchow's wissenschaftliche Thätigkeit von jeher begleitet habe, die hundertfach mündlich und schriftlich an mich gerichtete Frage beantworten zu können: „Wie ist es möglich, dass ein Mann, der lange Zeit an der Spitze der Fortschrittspartei, in der Wissenschaft wie im politischen Leben stand, zwar in letzterem diesen Standpunkt äusserlich festgehalten hat, in der ersteren hingegen zu einem Werkzeug der gefährlichsten Reaction geworden ist"?

Eine gelegentliche mündliche Antwort, welche ich auf diese oft wiederholte Frage im Marz d. J. beim Concordia-Bankett in Wien gegeben hatte, ist in der Tagespresse in so verschiedenem

Sinne wiedergegeben, theilweise so missverstanden oder so absichtlich entstellt worden, dass ich schon desshalb gezwungen bin, jetzt endlich eine klare und unzweideutige Entgegnung zu veröffentlichen. Die „Augsburger Allgemeine Zeitung", die mit Begierde jede Gelegenheit ergreift, um ihrem unüberwindlichen Widerwillen gegen die Entwickelungslehre Ausdruck zu geben, hatte in einem ihrer feinlichen Artikel mich leidenschaftlicher und unwürdiger Angriffe gegen Virchow beschuldigt. Gegenüber dieser Entstellung des Augsburger Blattes, die von ihm auch in andere Blätter überging, muss ich ausdrücklich hervorheben, dass nicht Virchow, sondern meine Person der Angegriffene ist, und dass es sich daher meinerseits nicht um einen ungerechtfertigten Angriff gegen einen früher von mir hochverehrten Freund, sondern um eine nothgedrungene Vertheidigung gegen die wiederholten und scharfen Angriffe des letzteren handelt.

Ein anderer Grund, der mich zwingt, jetzt endlich mein Schweigen zu brechen, liegt in der fortdauernden ergiebigen Ausbeutung, welche Virchow's Rede seit drei Vierteljahren von Seiten aller clericalen und reactionären Organe zu Gunsten des geistigen Rückschritts erfährt. Der laute Jubel, mit dem die letzteren sofort Virchow's „grosse moralische That", d. h. seine Bekehrung vom Freidenker zum Finsterling, begrüssten, war nur das erste Signal zu jener fortwährenden Ausbeutung, deren verderbliche Früchte sicher nicht ausbleiben werden. Schon Friedrich v. Hellwald hat in seiner Besprechung der Münchener Reden (in Kosmos II. Bd., S. 172) treffend auf die grosse Gefahr hingewiesen, die darin liegt, dass gerade ein Virchow unter dem Banner des politischen Liberalismus, und in den Mantel der strengen Wissenschaft gehüllt, entschieden die Freiheit der Wissenschaft und ihrer Lehre bekämpft. Diese ernste Gefahr hat sich aber nie so drohend gezeigt, wie im gegenwärtigen Augenblick, wo unser politisches und religiöses Leben einer Reaction entgegen zu gehen scheint, wie sie seit langer Zeit nicht dagewesen ist. Die beiden wahnsinnigen Attentate, welche vor wenigen Wochen die Social-Democratie gegen das allverehrte Greisenhaupt des Deutschen

Kaisers gerichtet hat, haben einen Sturm gerechter Entrüstung von solcher Stärke hervorgerufen, dass das besonnene Urtheil völlig zu Boden geworfen ist, und dass selbst viele „freisinnige" Politiker nicht nur ungestüm zu den härtesten Massregeln gegen die utopistischen Lehren der Social-Democratie hindrängen, sondern, weit über das Ziel hinausschiessend, die freie Lehre und den freien Gedanken, die Pressfreiheit und die Gewissensfreiheit selbst in die engsten Fesseln zu schlagen fordern. Welche willkommnere Unterstützung kann da die im Hintergrund lauernde Reaction finden, als die laute Forderung eines Virchow auf Aufhebung der Lehrfreiheit? Und wenn ein Virchow unsere heutige Entwickelungslehre im Allgemeinen und die Descendenz-Theorie im Besonderen für die verrückten Lehren der Social-Democratie verantwortlich macht, so ist es nur eine ganz natürliche und richtige Consequenz wenn die berühmte neupreussische „Kreuz-Zeitung" — wie factisch in diesen Tagen geschehen ist — die beiden Attentate der Social-Democraten Hödel und Nobiling direct der Descendenz-Theorie, und speciell der verhassten Lehre von der „Affen-Abstammung des Menschen" in die Schuhe schiebt!

Viel ernster aber noch gestaltet sich diese drohende Gefahr, wenn wir erwägen, welchen grossen Einfluss Virchow als „freisinniger Fortschrittsmann" auch heute noch besitzt, und wie er im preussischen Landtage insbesondere als erste sachkundige Autorität und zugleich als freisinnigster Kritiker gilt, wenn es sich um Unterrichtsfragen handelt. Nun steht bekanntlich als eine der wichtigsten Aufgaben dem preussischen Landtage die Berathung eines neuen Unterrichts-Gesetzes bevor, welches wahrscheinlich für lange Zeit seinen massgebenden Einfluss nicht nur in Preussen, sondern in ganz Deutschland geltend machen wird. Was dürfen wir von einem solchen Unterrichts-Gesetze erwarten, wenn bei dessen Berathung unter der geringen Zahl der überhaupt zu hörenden Sachkundigen Virchow seine Stimme als leitende Autorität erhebt und dann die Grundsätze zur Geltung bringt, die er in der Münchener Rede als die sichersten Garantien für „die Freiheit der Wissenschaft im modernen Staate" proclamirt hat. Artikel 20 der Preussischen Verfassungs-Urkunde und §. 152 der Verfassung des Deutschen Reiches sagen: „Die Wissenschaft und ihre Lehre ist frei". Die erste That Virchow's muss nach den jetzt von ihm aufgestellten Grundsätzen ein Antrag auf Aufhebung dieses Paragraphen sein!

Angesichts dieser drohenden Gefahren darf ich mit meiner Antwort nicht länger zögern. Amicus Socrates, amicus Plato, magis amica veritas! Eine rückhaltlose und offene Entgegnung ist nicht mehr länger zu verschieben. Zur Orientirung derjenigen Leser, welche die Vorgänge auf der letzten Naturforscher-Versammlung in München nicht näher kennen, lasse ich im Anhang die Mittheilung einiger Stimmen der Presse folgen, wie sie unmittelbar nach jenen Vorgängen laut wurden. Die beiden reactionären Artikel der „Germania" und der „Neuen evangelischen Kirchenzeitung" sind dabei für die Sachlage noch bezeichnender, als die freisinnigen Aeusserungen des „Ausland" und der „Frankfurter Zeitung". In thatsächlicher Beziehung bemerke ich noch, dass auf der Münchener Versammlung weder Virchow meine Rede gehört hat, noch ich die seinige. Ich hielt meinen Vortrag (so wie er gedruckt vorliegt) am 18. September 1877 und reiste am 19. bereits ab. Virchow hingegen kam erst am 20. in München an und hielt seine Rede am 22. September.

Eingedenk des vielfachen Dankes, den ich Virchow als meinem früheren Lehrer und Freunde von Würzburg her schuldig bin, und den ich jederzeit durch Weiterbau seiner mechanischen Lehren zu bethätigen bestrebt war, werde ich mich auf eine möglichst objective und sachliche Widerlegung seiner Behauptungen beschränken. Allerdings lag gerade diesmal die Versuchung nahe genug, Gleiches mit Gleichem zu vergelten. Ich hatte in meiner Münchener Rede unter den wenigen Namen, die ich überhaupt anführte, denjenigen von Virchow als dem hochverdienten Begründer der Cellular-Pathologie besonders hervorgehoben (S. 12). Virchow vergalt dies damit, dass er in seiner gewohnten Weise die Entwickelungslehre mit Hohn und Spott überhäufte. Der Kritiker der National-Zeitung, Herr Isidor Kastan erzählt darüber mit besonderer Genugthuung: „der Spott, mit welchem Herr VIRCHOW gerade diese Seite der HAECKEL-Phantasien behandelte, war freilich ätzend genug; indessen ist das nun einmal VIRCHOW'sche Art, nur dass sie in diesem Falle, wenn irgendwo, vollauf berechtigt war."

Weniger als diesen Spott dürfte ich wohl die Denunciation ignoriren, mit welcher mich VIRCHOW als Bundesgenossen der Social-Democratie an den Pranger stellt und die Descendenz-Theorie für die Grauelthaten der Pariser Commune verantwortlich macht. Vielfach ist die Ansicht laut geworden, dass er durch diese absichtliche Verkuppelung der Descendenz-Theorie mit der Social-Democratie der ersteren wohl den härtesten Schlag zugefügt habe, und dass damit wohl nichts Geringeres beabsichtigt sei, als eine Entfernung aller „Darwinisten" von ihren akademischen Lehrstühlen. In den Consequenzen seiner pädagogischen Forderungen liegt das ganz sicher. Denn wenn VIRCHOW mit grösster Entschiedenheit fordert, dass die Descendenz-Theorie nicht gelehrt werden dürfe (— weil Er sie nicht für wahr hält! —), was sollen dann alle die Vertreter dieser Theorie machen, die gleich mir dieselbe für unumstösslich wahr halten und als eine völlig gesicherte Theorie lehren? Und zu diesen vom Transformismus felsenfest überzeugten Vertretern gehören mindestens neun Zehntel aller in Europa lehrenden Zoologen und Botaniker, die Morphologen fast ohne Ausnahme! VIRCHOW kann doch nicht verlangen, dass diese Lehrer sämmtlich das, was sie für unerschütterliche „Wahrheit" halten, verleugnen und dafür nach seinem Wunsche das Dogma der Kirche zur Grundlage des Unterrichts erheben? Es bleibt ihnen Nichts übrig, als auf ihre Lehrstühle zu verzichten, und der „moderne Staat" ist sogar im Sinne VIRCHOW's und der „Germania" verpflichtet, ihnen ihr Lehrrecht zu entziehen, wenn sie nicht freiwillig darauf verzichten.

Ist das wirklich VIRCHOW's Absicht gewesen, wie vielfach angenommen wird, so kann er sich wenigstens mit Rücksicht auf mich seine Mühe sparen. Bei uns in Jena herrschen andere

Vorstellungen über „die Freiheit der Wissenschaft im modernen Staate", als in der Reichshauptstadt Berlin. Was man in dieser „Metropole der Intelligenz" für akademische Lehrfreiheit hält, das hat der Fall DÜHRING noch kürzlich schlagend illustrirt. Bei uns würde es Niemand eingefallen sein, wegen seiner missliebigen Aeusserungen DÜHRING die Facultas docendi zu entziehen, selbst wenn er nicht das Unglück gehabt hätte, unbemittelt und blind zu sein! Auch gilt bei uns nicht der Berliner Studenten-Vers: „Wer die Wahrheit kennet und saget sie frei, der kommt in Berlin auf die Stadt-Vogtei!" Vielmehr singen die Jenenser Studenten diesen Vers in seiner ursprünglichen Fassung: „Wer die Wahrheit kennet und saget sie nicht, der ist fürwahr ein erbärmlicher Wicht"!

Der Rector magnificentissimus der Universität Jena, der Grossherzog von Sachsen, der bewährte Beschützer der Künste und Wissenschaften, hat ausserdem weit liberalere Ansichten über die Freiheit der wissenschaftlichen Forschung und Lehre, als der berühmte Führer der Berliner Fortschritts-Partei. Der erleuchtete und freisinnige Fürst in Weimar, unter dessen besonderem Schutze wir hier stehen, hat niemals für nöthig erachtet, die ungebundene Freiheit meiner Lehre und meiner Schriften irgendwie zu beschränken, selbst damals nicht, als 1866 die „Generelle Morphologie" und 1868 die „Natürliche Schöpfungsgeschichte" erschien, und als von verschiedenen Seiten der Versuch gemacht wurde, die darin enthaltenen jugendlichen Extravaganzen zur Grundlage einer schweren Anklage zu machen. Und was haben denn auch diese Extravaganzen, die ich jetzt aufrichtig beklage, weiter für Schaden angerichtet?

Getreu den ruhmvollen Traditionen einer dreihundertjährigen Vergangenheit wird die kleine thüringer Universität Jena ihre volle und unbeschränkte Lehrfreiheit zu bewahren wissen. Sie wird stets dessen eingedenk bleiben, dass sie die erste protestantische Universität Deutschlands ist, protestirend gegen jede Zwangsjacke, welche hierarchische Willkür der menschlichen Vernunft, gegen jedes Dogma, welches Gelehrten-

Hochmuth der freien Lehre aufzwingen will. Sie wird nach bestem Gewissen frei forschen und frei lehren, unbekümmert darum, ob auf der „grossen" Universität Berlin nach Virchow's Forderung nur das gelehrt werden darf, was objectiv festgestellt, was absolut sicher ist, — d. h. also, Nichts, was über einzelne, unzweifelhafte und greifbare Thatsachen hinausgeht, aber keine Idee, kein Gedanke, keine Theorie, überhaupt keine wirkliche „Wissenschaft", höchstens die Mathematik ausgenommen!

Gewiss wird Jena, nach unserer Ueberzeugung, so lange eine unabhängige Zufluchtstätte freier Wissenschaft und freier Lehre bleiben, als es sich unter der treuen Pflege und freisinnigen Obhut des Sachsen-Weimarischen Fürstenhauses befindet; jenes aufgeklärten Hauses, das durch die unvergleichlichen Traditionen seiner ehrenvollen Vergangenheit mit der Geschichte des deutschen Geistes untrennbar verknüpft ist. Was die Wartburg für Martin Luther, was Weimar für die grössten Heroen der deutschen Literatur, was Jena seit drei Jahrhunderten für eine grosse Zahl hervorragender Forscher gewesen ist, das wird unser bewährtes Jena für die heutige Entwickelungslehre wie für alle frei sich entwickelnden Lehren der Wissenschaft auch fernerhin gewiss bleiben, eine feste Burg freien Denkens, freier Forschung, freier Lehre!

Jena, am 24. Juni 1878.

Ernst Haeckel.

I. Entwickelung und Schöpfung.

Die Verständigung in wissenschaftlichen Streitfragen wird durch Nichts mehr erleichtert und die Klärung von verworrenen Anschauungen durch Nichts mehr gefördert, als durch eine möglichst scharfe und klare Gegenüberstellung der einfachsten Hauptsätze der widerstreitenden Lehren. So ist es dem Siege unserer heutigen Entwickelungslehre sehr zu statten gekommen, dass ihr Hauptproblem, die Frage von der Entstehung der Arten, mehr und mehr vor die entscheidende Alternative gedrängt wurde: Entweder haben sich die Organismen natürlich entwickelt, und dann müssen sie alle von einfachsten gemeinsamen Stammformen abstammen — Oder das ist nicht der Fall, die einzelnen Arten der Organismen sind unabhängig von einander entstanden, und dann können sie nur auf übernatürlichem Wege, durch ein Wunder, erschaffen sein. Natürliche Entwickelung oder übernatürliche Schöpfung der Arten — zwischen diesen beiden Möglichkeiten ist zu wählen, ein Drittes gibt es nicht!

Da VIRCHOW, gleich vielen andern Gegnern der Entwickelungslehre beständig diese letztere mit der Abstammungslehre und diese wieder mit dem Darwinismus verwechselt, so ist es nicht überflüssig, hier mit ein paar Worten an den verschiedenen Umfang und die Unterordnung der drei grossen Theorien zu erinnern:

I. Die allgemeine Entwickelungslehre, die Progenesis-Theorie oder „Evolutions-Theorie" (im weitesten Sinne), als umfassende philosophische Weltanschauung, nimmt an, dass in der ganzen Natur ein grosser einheitlicher, ununterbrochener und ewiger Entwickelungs-Vorgang stattfindet, und dass alle Natur-Erscheinungen ohne Ausnahme, von der Bewegung der Himmelskörper und dem Falle des rollenden Steins bis zum Wachsen der Pflanze und zum Bewusstsein des Menschen, nach einem und demselben grossen Causal-Gesetze erfolgen, dass alle schliesslich auf Mechanik der Atome zurückzuführen sind: Mechanische oder mechanistische, einheitliche oder monistische Weltanschauung, mit einem Worte: Monismus.

II. Die Abstammungslehre oder Descendenz-Theorie, als umfassende Lehre von der natürlichen Entstehung der Organismen, nimmt an, dass alle zusammengesetzten Organismen von einfachen, alle vielzelligen Thiere und Pflanzen von einzelligen, wie diese letzteren von ganz einfachen Urorganismen, von Moneren abstammen. Da wir die organischen Species, die mannigfaltigen Arten der Thiere und Pflanzen unter unseren Augen sich durch Anpassung verändern sehen, da die Aehnlichkeit im inneren Bau derselben nur durch Vererbung von gemeinsamen Stammformen vernunftgemäss erklärbar ist, so müssen wir wenigstens für die grösseren Hauptgruppen des Thierreichs und Pflanzenreichs, für die Classen, Ordnungen u. s. w., gemeinsame Stammformen annehmen. Die Zahl derselben wird also sehr beschränkt sein und die ältesten archigonen Stammformen können immer nur Moneren sein. Ob wir schliesslich eine einzige gemeinsame Stammform annehmen (monophyletische Hypothese) oder mehrere (polyphyletische Hypothese), ist gleichgültig für das Wesen der Descendenz-Theorie. Ebenso ist es gleichgültig für den Hauptgedanken derselben, welche mechanischen Ursachen für die Umbildung der Arten angenommen werden. Die Annahme dieser Umbildung der Species selbst ist aber unentbehrlich, und daher wird die Descendenz-Theorie auch mit Recht als Umbildungslehre oder „Transformismus" bezeichnet (auch wohl nach JEAN LAMARCK, der zuerst 1809 sie begründete, als „Lamarckismus").

III. Die Züchtungslehre oder Selections-Theorie, als die besondere Lehre von der „Zuchtwahl oder Selection", nimmt an, dass fast alle oder doch die meisten organischen Arten durch den Process der Auslese oder Selection entstanden sind: die künstlichen Arten im domesticirten Zustande (die Rassen der Hausthiere und Culturpflanzen) durch „künstliche Zuchtwahl" — die natürlichen Arten der Thiere und Pflanzen, im wilden Zustande, durch „natürliche Zuchtwahl"; bei den ersteren züchtet der Wille des Menschen planmässig, bei den letzteren der „Kampf ums Dasein" planlos. In beiden Fällen geschieht die Umbildung der organischen Formen durch Wechselwirkung der Vererbungs- und Anpassungs-Gesetze; in beiden Fällen beruht sie auf der „Auslese oder Selection" einer bevorzugten Minderzahl. Dieses Züchtungs-Princip ist zuerst von CHARLES DARWIN 1859 in seiner ganzen Bedeutung klar erkannt und gewürdigt worden. Die darauf gegründete Selections-Theorie ist der eigentliche „Darwinismus".

Das Verhältniss dieser drei grossen, häufig verwechselten Theorien zu einander ist also nach dem heutigen Standpunkte der Wissenschaft einfach folgendermassen festzustellen: I. der Monismus, die universale Entwickelungs-Theorie oder die monistische Progenesis-Theorie ist die einzige wissenschaftliche Theorie, welche das Weltganze vernunftgemäss erklärt, und das Causalitäts-Bedürfniss unserer menschlichen Vernunft befriedigt, indem sie alle Natur-Erscheinungen als Theile eines einheitlichen grossen Entwickelungs-Processes in mechanischen Causal-Zusammenhang bringt; II. der Transformismus oder die Descendenz-Theorie ist ein wesentlicher und unentbehrlicher Bestandtheil der monistischen Entwickelungs-Theorie, weil sie die einzige wissenschaftliche Theorie ist, welche die Entstehung der organischen Species vernunftgemäss, nämlich durch Umbildung erklärt und auf mechanische Ursachen zurückführt; III. die Selections-Theorie oder der Darwinismus ist bis jetzt die wichtigste unter den verschiedenen Theorien, welche die Umbildung der Arten durch mechanische Ursachen zu erklären versuchen; sie ist aber keineswegs die einzige. Wenn wir auch annehmen, dass die meisten Arten durch natürliche Züchtung entstanden sind, so wissen wir jetzt doch anderseits, dass viele als Species unterschiedene Formen Bastarde von zwei verschiedenen Arten sind und als solche sich fortpflanzen können; und daneben ist es sehr wohl denkbar, dass noch andere Ursachen bei der Species-Bildung wirksam sind, von denen wir bis jetzt noch gar keine Vorstellung haben. Welchen Antheil man also der natürlichen Zuchtwahl an der Entstehung der Arten zuschreibt, das ist dem Ermessen der einzelnen Naturforscher überlassen, und darüber gehen selbst die Autoritäten noch heute weit auseinander. Die Einen schreiben ihr dabei einen sehr grossen, die Anderen einen sehr geringen Antheil zu. MORIZ WAGNER z. B. will DARWIN's Selections-Theorie durch seine Migrations-Theorie verdrängen, während ich die Wirkung der Migration, die Isolation oder Separation, nur für einen besonderen Fall der Selection halte. Diese verschiedene Werthschätzung des Darwinismus ist aber ganz unabhängig von der absoluten Geltung der Descendenz-Lehre oder des Transformismus; denn die letztere ist eben bis jetzt die einzige Theorie, welche uns die Entstehung der Arten vernunftgemäss erklärt. Wenn man diese verwirft, so bleibt nichts Anderes übrig als die unvernünftige Annahme eines Wunders, einer übernatürlichen „Schöpfung". Wir wollen diesen mystischen Schöpfungsglauben kurz als Creatismus bezeichnen.

In dieser entscheidenden und unausweichlichen Alternative hat VIRCHOW jetzt sich offen für den Creatismus und gegen den Transformismus ausgesprochen. Jeder der mit unbefangenem Blick und unparteischem Urtheil seine gelegentlichen Aeusserungen über die Descendenz-Theorie im letzten Decennium aufmerksam verfolgte, musste sich überzeugen, dass er dieselbe im Grunde verwirft. Doch war sein Widerspruch stets so verhüllt und sein Urtheil namentlich über den Darwinismus stets so auf Schrauben gestellt, dass eine gelegentliche Bekehrung zum Gegentheil nicht unmöglich erschien, und dass selbst viele, VIRCHOW näher stehende, Schüler und Freunde nicht wussten, bis zu welchem Grade er ein Gegner der Entwickelungslehre überhaupt sei. Zur endlichen Klärung dieser Zweifel hat VIRCHOW selbst in München den letzten Schritt gethan; denn es kann nach seiner Münchener Rede kein Zweifel mehr sein, dass er zu den entschiedenen Gegnern der ganzen Entwickelungslehre gehört, mit Inbegriff der Abstammungslehre und mit Inbegriff der Züchtungslehre.

Sollte Jemand noch daran zweifeln, so lese er den erheiternden Jubelhymnus, mit welchem VIRCHOW's Freund und Mitarbeiter, ADOLF BASTIAN, seine Münchener Rede begrüsste. Dieses „Enfant terrible" der Creatisten, dieser treffend sogenannte: „Wirkliche Geheime Ober-Confusionsrath", dessen Verdienste um die unfreiwillige Förderung des Transformismus ich bereits im Vorwort zur 3. Auflage der Natürl. Schöpfungsgeschichte gewürdigt habe, lässt sich in der von VIRCHOW und ihm selbst herausgegebenen „Zeitschrift für Ethnologie" (X. Jahrg., 1878, p. 66) folgendermassen vernehmen: Auf der Münchener Naturforscher-Versammlung hat VIRCHOW „durch ein paar seiner gewichtigen Worte die unter dem Drucke einer **gespenstischen Descendenz** gar schwüle und schwere Atmosphäre wieder geklärt und die Naturwissenschaft von diesem Alp, durch den sie sich lange, mancher Ansicht nach zu lange hatte belasten lassen, nochmals befreit, diesmal hoffentlich **für immer**. Das Heranziehen dieses Gewitters war bereits seit Jahren zu erkennen, und der ganze Verlauf zeigt sich als ein durchaus normaler. Als die von DARWIN so viel versprechend angepflanzten Keime durch fieberisch übertriebene Treibhaushitze zu taubem Unkraut auszuwuchern begannen, lag die kurze Lebensfähigkeit desselben vor Augen. So lange unter der Pression psychischer Epidemien die Wogen allzu hoch gehen, ist es ziemlich nutzlos dagegen zu protestiren, da jedes Ohr durch den Lärm umher allzu betäubt ist, um auf die Stimmen Einzelner zu hören. Am besten gehen dann die Dinge ihren eigenen Gang, immer tiefer in den Sumpf hinein, bis sie dort von selbst stecken bleiben; denn: „Quos deus perdere vult dementat prius". (— Welche seltene Selbst-Erkenntniss bei BASTIAN! —) So auch in diesem Falle! Als die in gegenseitigen Ermunterungen gesteigerten Ausschweifungen der **Descendenz** in den in München geredeten **Deliramenta** (oder Abelterias, wie man nun sagen will) gipfelten, brach in dem Uebermass der Absurditäten die allzu zugespitzte Spitze fast schon durch eigene Spitzigkeit, und so sind wir sie gleich mit einem Schlage los geworden. **Jetzt ist es glücklich vorbei mit der Descendenz**, oder Ascendenz, doch wird die Naturwissenschaft desshalb nicht um so schlechter fahren, da manche Anhänger derselben zu ihren tüchtigsten Jüngern gehören, und indem sie jetzt nicht mehr die beste Zeit mit Roman-Entwürfen zu vergeuden brauchen, bleibt ihnen solche für Förderung der Wissenschaft zu Gebote stehen, um ihr durch reelle Beiträge Bereicherung zu gewähren"! (Bravo!).

Zum Ueberfluss citirt BASTIAN auch noch VIRCHOW's creatistischen Wahrspruch: „**Der Plan der Organisation ist innerhalb der Species unveränderlich, Art lässt nicht von Art**" (l. c. p. 71). Deutlicher kann man allerdings den teleologischen Grundgedanken der Creatisten, dass jede Species ihren constanten und specifischen „**Bauplan**" besitze, nicht ausdrücken. VIRCHOW ist also, das steht jetzt unzweifelhaft fest, **Dualist** und **Creatist** geworden, und ebenso von der Wahrheit seiner Principien durchdrungen, wie ich als Monist und Transformist vom Gegentheil. Das geht aus dem ganzen Zusammenhang seiner Münchener Rede unzweifelhaft hervor, obwohl er sich immer hütet, seinen principiellen Standpunkt in voller Nacktheit zu bekennen. Vielmehr hüllt er auch jetzt noch seinen Widerspruch in die, auch bei den clericalen Blättern am meisten beliebte Phrase, dass die Descendenz-Theorie eine „unbewiesene Hypothese" sei. Nun ist es aber klar, dass diese Theorie überhaupt niemals „bewiesen" werden wird, wenn die heute bereits vorliegenden Beweise nicht ausreichen. Wie oft ist es nicht schon wiederholt worden, dass die wissenschaftliche Sicherheit der Descendenz-Theorie nicht in dieser oder jener einzelnen Erfahrung begründet ist, sondern in der **Gesammtheit der biologischen Erscheinungen**, in dem **Causal-Nexus der Entwickelung**! Wie steht es also mit den von VIRCHOW verlangten neuen Beweisen der Descendenz-Theorie?

II. Sichere Beweise der Abstammungslehre.

Alle allgemeinen Erscheinungen der Morphologie und Physiologie, der Chorologie und Oekologie, der Ontogenie und Palaeontologie, sie alle sind nur durch die Descendenz-Theorie zu erklären und auf einfache mechanische Ursachen zurückzuführen. Gerade darin, dass die letzten einfachen Ursachen für alle diese verwickelten Erscheinungs-Massen gemeinsam sind, dass andere mechanische Ursachen nicht dafür denkbar sind, gerade darin liegt für uns die Gewähr ihrer Sicherheit. Desshalb sind alle jene grossartigen und mannigfaltigen Thatsachen-Complexe ebenso viele „Beweise der Abstammungslehre". Dieses fundamentale Verhältniss ist schon so oft auseinander gesetzt worden, dass ich hier nicht weiter dabei zu verweilen brauche; wer eine nähere Erörterung darüber wünscht, vergleiche meine generelle Morphologie (Bd. II, Cap. XIX) oder die natürliche Schöpfungsgeschichte (6. Auflage, 1875, XXIV. Vortrag) oder die Anthropogenie (3. Aufl., 1877, V. Vortrag).

Wo sollen also noch weitere Beweise für die Wahrheit der Descendenz-Theorie gefunden werden? Weder VIRCHOW noch einer der clericalen Gegner und der dualistischen Philosophen, die immerfort diesen Ruf nach „sicheren Beweisen" wiederholen, giebt irgendwo an, wo möglicherweise noch solche Beweise zu suchen wären? Wo sollen wir in aller Welt noch irgend welche „Thatsachen" auffinden, die lauter und deutlicher für die Wahrheit des Transformismus sprächen, als die Thatsachen der vergleichenden Morphologie und Physiologie, als die Thatsachen der rudimentären Organe und der embryonalen Entwickelung, als die Thatsachen der Versteinerungslehre und der geographischen Verbreitung der Organismen — kurz als die sämmtlichen bekannten Thatsachen der verschiedensten biologischen Gebiete?

Doch ich irre mich, die „sicheren Thatsachen", die VIRCHOW zum „vollen Bewusstsein des Beweises" verlangt, soll das „Experiment" liefern, den „Versuch als das höchste Beweismittel"! (S. 24). Diese Forderung, die Abstammungslehre durch den Versuch empirisch zu begründen, ist so verkehrt und zeugt von solcher Unbekanntschaft mit dem eigentlichen Wesen unserer Theorie, dass wir uns zwar nie gewundert haben, sie von unwissenden Laien stets wiederholen zu hören, dass sie uns aber im Munde eines VIRCHOW wirklich überrascht hat. Was soll denn hier überhaupt durch den Versuch bewiesen werden. Was kann hier das Experiment beweisen?

Die Veränderlichkeit der Art, die Transformation der Species, der Uebergang einer Art in eine oder mehrere neue Arten! lautet die Antwort. Nun, soweit diese Thatsache überhaupt durch das Experiment bewiesen werden kann, ist sie längst in umfassendster Weise wirklich experimentell bewiesen worden. Denn was sind die zahllosen Versuche der künstlichen Züchtung, die der Mensch seit Jahrtausenden bei der Zucht der Hausthiere und Cultur-Pflanzen ausgeübt hat, Anders, als physiologische Experimente welche die Transformation der Species beweisen? Als Beispiel erinnern wir nur an die verschiedenen Rassen der Pferde und Tauben. Die flüchtigen Rennpferde und die schweren Lastpferde, die eleganten Wagenpferde und die plumpen Karrenpferde, die riesigen Brauerpferde und die zwerghaften Ponies; diese und viele andere „Rassen" sind so sehr von einander verschieden, dass wir sie, wild aufgefunden, sicher als ganz verschiedene Arten einer Gattung, oder selbst als Vertreter verschiedener Gattungen beschreiben würden. Unzweifelhaft sind alle diese sogenannten „Rassen" und „Spielarten" des Pferdes in viel höherem Maasse von einander verschieden, als das Zebra, das Quagga, das Bergpferd und die anderen wilden Pferde-Arten, die jeder Zoologe als „bonae species" unterscheidet. Und doch stammen alle jene verschiedenen „künstlichen Arten", die der Mensch durch seine künstliche Zuchtwahl erzeugt hat, von einer einzigen gemeinsamen Stammform, von einer wilden „guten Art" ab. Dasselbe gilt von den zahlreichen und höchst mannigfaltigen „Arten" der Haustaube: Hoftaube und Botentaube, Strupptaube und Kropftaube, Pfauentaube und Eulentaube, Burzeltaube und Blasstaube, Trommeltaube und Lachtaube u. s. w., sie alle sind, wie Darwin überzeugend den Beweis geführt hat, Abkömmlinge von einer einzigen wilden Art, der Felstaube (*Columba livia*). Und wie ungemein verschieden sind sie nicht allein in der allgemeinen Gestalt, Grösse und Färbung, sondern auch in der besonderen Form des Schädels, des Schnabels, der Füsse u. s. w.! Sie unterscheiden sich in jeder Beziehung viel mehr von einander, als die zahlreichen wilden Tauben-Arten, die im System der Vögel allgemein als „gute Arten" und sogar als „gute Gattungen" unterschieden werden. Dasselbe gilt von den verschiedenen „künstlichen Arten" oder Rassen der Aepfel, Birnen, Stiefmütterchen, Dahlien u. s. w., kurz von den allermeisten domesticirten Thier- und Pflanzen-Arten.

Besonders wollen wir dabei betonen, dass diese „künstlichen Species", welche der Mensch durch den künstlichen Züchtungs-Versuch, durch das Transformations-Experiment aus einer Species erzeugt oder „erschaffen" hat, sowohl in physiologischer als in morphologischer Beziehung sich weit mehr von einander unterscheiden als die „natürlichen Species" im wilden Zustande. Bei diesen letzteren ist selbstverständlich der Nachweis gemeinsamer Abstammung durch den Versuch ganz unmöglich. Denn sobald wir irgend eine wilde Thier- oder Pflanzen-Art einem solchen Versuche unterwerfen wollten, so würden wir sie eben dadurch den Bedingungen der künstlichen Züchtung unterwerfen.

Dass der morphologische Begriff der Species kein absoluter, sondern nur ein relativer Begriff ist, dass er keinen andern absoluten Werth hat, als die ähnlichen Systems-Kategorien der Spielart, Rasse, Gattung, Familie, Classe, das gibt heutzutage jeder Systematiker zu, der ehrlich und unbefangen die Praxis der systematischen Species-Unterscheidung beurtheilt. Die Willkür auf diesem Gebiete kennt — der Natur der Sache nach — keine Grenzen, und es gibt nicht zwei Systematiker, die in allen Fällen darüber einig wären, welche Formen als „gute Arten" zu unterscheiden seien, welche nicht. (Vergl. darüber Natürl. Schöpfungsgeschichte 6. Aufl. S. 246). Der Begriff der Art oder Species hat in jedem kleineren und grösseren Gebiete der systematischen Zoologie und Botanik eine verschiedene Geltung.

Ebenso wenig aber hat der Species-Begriff auch irgend einen bestimmten physiologischen Werth. In dieser Beziehung müssen wir ganz besonders betonen, dass auch die Frage von der Bastardzeugung, der letzte Zuflucht-Winkel aller Vertheidiger der Species-Constanz, gegenwärtig jede Bedeutung für den Art-Begriff verloren hat. Denn wir wissen jetzt durch zahlreiche und sichere Erfahrungen und Experimente, erstens, dass zwei verschiedene „gute Arten" sich geschlechtlich vermischen und fruchtbare Bastarde erzeugen können (Hase und Kaninchen, Löwe und Tiger, viele verschiedene Arten der Karpfen- und Forellen-Gattungen, der Weiden und Brombeeren u. s. w.). Ebenso sicher steht zweitens auch die Thatsache fest, dass Abkömmlinge von einer und derselben Art, die nach dem Dogma der früheren Schule stets fruchtbare Verbindung eingehen können, unter gewissen Verhältnissen sich entweder überhaupt nicht mit einander geschlechtlich verbinden, oder nur unfruchtbare Bastarde erzeugen (Portosanto-Kaninchen, verschiedene Rassen der Pferde, Hunde, Rosen, Hyacinthen u. s. w.). (Vergl. Natürl. Schöpfungsg. 6. Aufl. S. 245).

Für den „sicheren Beweis", dass der Species-Begriff auf subjectiver Abstraction beruht und bloss relative Geltung hat, gleich dem Begriff des Genus, der Familie, Ordnung, Klasse u. s. w., ist keine Thierklasse so werthvoll wie diejenige der Schwämme oder Spongien. Denn hier schwankt die flüssige Form in einer beispiellosen Unbestimmtheit und Veränderlichkeit hin und her, welche jede Species-Unterscheidung geradezu illusorisch macht. Schon OSCAR SCHMIDT hatte das an den Kieselschwämmen und Hornschwämmen gezeigt. Ich habe in meiner dreibändigen Monographie der **Kalkschwämme** (1872), einem Producte fünfjähriger genauester Durchforschung dieser kleinen Thiergruppe, nachgewiesen, dass man hier je nach Belieben 3 oder 21 oder 111 oder 289 oder 591 Species unterscheiden könne. Ausserdem glaube ich dabei auch überzeugend dargethan zu haben, wie alle diese verschiedene Formen der Calcispongien sich ohne jeden Zwang ganz natürlich von einer einzigen gemeinsamen Stammform, dem einfachen — nicht hypothetischen, sondern heute noch wirklich existirenden — *Olynthus*, ableiten lassen. Somit glaube ich hier den **sicheren analytischen Beweis von der Transformation der Species**, von der einheitlichen Abstammung aller Arten einer Thiergruppe, so weit geliefert zu haben, als es überhaupt möglich ist.

Eigentlich könnte ich mir diese Erörterungen über die Species-Frage hier ersparen. Denn VIRCHOW geht auf diese Hauptfrage der Descendenz-Theorie — und das ist höchst characteristisch für seinen Standpunkt — überhaupt nicht ein. So wenig er aber die Lehre von der Transformation irgend eingehend behandelt, so wenig lässt er sich überhaupt auf die Widerlegung irgend eines anderen der „sicheren Beweise" ein, die wir heute für die Abstammungslehre in der That besitzen. Weder die morphologischen noch die physiologischen Beweisgründe der Descendenz-Theorie, weder die rudimentären Organe noch die Embryonal-Formen, weder die paläontologischen noch die chorologischen Argumente werden irgendwie näher erörtert und auf ihren Werth oder Unwerth als „sichere Beweise" geprüft. Vielmehr macht es sich VIRCHOW damit sehr bequem, schiebt sie alle bei Seite und versichert, dass „sichere Beweise" für die Abstammungslehre nicht vorhanden sind, sondern erst gefunden werden müssen. Wo sie zu suchen sind, gibt er freilich nicht an, und kann es nicht angeben.

Wie ist dieses sonderbare Verfahren zu erklären? Wie ist

es möglich, dass ein berühmter Naturforscher den wichtigsten Fortschritt der neueren Naturwissenschaft, die epochemachende Abstammungslehre, fortwährend bekämpft, ohne irgendwie auf dieselbe sachlich einzugehen, ohne auch nur eines ihrer gewichtigen Beweismittel wirklich zu prüfen und zu widerlegen? Auf diese Frage giebt es nur eine Antwort: Virchow ist mit der heutigen Entwickelungslehre überhaupt nicht näher bekannt und besitzt nicht jene naturwissenschaftlichen Kenntnisse, die zu ihrer gründlichen Beurtheilung unentbehrlich sind.

Nachdem ich wiederholt und sorgfältig Alles gelesen, was Virchow seit Jahren gegen die Entwickelungslehre geschrieben hat, bin ich zu der Ueberzeugung gekommen, dass er weder Darwin's Hauptwerk von der Entstehung der Arten (1859) noch irgend eine der anderen Schriften Darwin's, noch irgend ein anderes Werk über die Descendenz-Theorie gründlich gelesen und mit derjenigen Aufmerksamkeit durchdacht hat, welche der schwierige und verwickelte Gegenstand durchaus erfordert. Virchow hat es mit diesen Schriften so wie mit vielen anderen nach seiner bekannten Gewohnheit gemacht, sie flüchtig durchblättert, einige Schlagwörter daraus aufgegriffen, und nun ohne Weiteres darüber Reden gehalten, und was das Schlimmste ist, diese Reden durch den Druck verewigt. Welche schlimmen Früchte diese gefährliche Gewohnheit trägt, lehrt die bekannte „Simplicissimus"-Affaire, welche Friedrich Zoellner in seinen „Principien einer electrodynamischen Theorie der Materie" kritisch beleuchtet hat.

Zur Entschuldigung dieses Verfahrens, und zur Erklärung von Virchow's räthselhafter Stellung im Kampfe um den Transformismus, muss man bedenken, welche Wandlungen dieser hochbegabte und verdienstvolle Mann im Laufe der letzten 30 Jahre durchgemacht hat. Der bedeutendste und fruchtbarste Abschnitt seines Lebens und seiner Thätigkeit bleibt unstreitig der achtjährige Aufenthalt in Würzburg, von 1848—1856. Dort entwickelte Virchow mit der ganzen Schärfe seines jugendlichen Geistes, mit der heiligen Begeisterung für die wissenschaftliche

Wahrheit, mit unermüdlicher Arbeitskraft und seltenem Scharfsinn, jene grossartige Reform der wissenschaftlichen Medicin, die ihn für alle Zeiten in der Geschichte der letzteren als einen Stern erster Grösse glänzen lassen wird. Dort in Würzburg gab Virchow jene umfassende Anwendung der Zellentheorie auf die Pathologie, die in dem Gedanken gipfelt, dass die Zelle ein selbstständiger, beseelter Elementar-Organismus, und dass unser menschlicher Organismus, gleich dem aller höheren Thiere, bloss ein Zellenstaat ist — ein höchst fruchtbarer Grundgedanke, den Virchow jetzt ebenso verläugnet, als er ihn damals muthvoll vertrat. Dort in Würzburg sass ich vor 25 Jahren andachtsvoll zu seinen Füssen und vernahm zuerst von ihm mit Enthusiasmus jene klare und einfache Lehre von der Mechanik aller Lebensthätigkeit, — eine wahrhaft monistische Lehre, welche Virchow heute ebenso unzweifelhaft bekämpft, wie er sie damals vertheidigte. Dort in Würzburg endlich schrieb er jene unvergleichlichen kritischen und historischen Leitartikel, welche die Zierde der ersten zehn Jahrgänge seines Archivs für pathologische Anatomie bilden. Alles, was Virchow an grossen und bahnbrechenden Reformen in der Medicin leistete, und wodurch er sich unvergängliche Verdienste um die wissenschaftliche Heilkunde erwarb, Alles das wurde in Würzburg entweder ausgeführt oder doch vorbereitet; und selbst die berühmte „Cellular-Pathologie" — Vorlesungen, die er $1^1/_2$ Jahr nach seinem Abgange von Würzburg in Berlin hielt — selbst diese enthält nur eine Sammlung von den gereiften Früchten, deren Blüthen Würzburg angehören.

Im Herbste 1856 verliess Virchow Würzburg, um nach Berlin überzusiedeln. Die Vertauschung des engeren Wirkungskreises mit dem weiteren, der geringeren Hilfsmittel mit den grösseren, erwies sich hier, wie so oft in ähnlichen Fällen, nicht günstig. Alle die wissenschaftlichen Resultate, die Virchow seitdem in Berlin, in einem „grossen Institute", mit luxuriösen Hülfsmitteln, noch für die Wissenschaft zu Tage gefördert hat, sind weder qualitativ noch quantitativ mit den grossartigen und unsterblichen Leistungen zu vergleichen, die derselbe in dem kleinen Institute von Würzburg, mit den dürftigsten Hülfsmitteln zu Stande gebracht hatte. Ein neuer Beweis für den von mir aufgestellten und bis jetzt nicht widerlegten Satz, dass „die wissenschaftlichen Leistungen der Institute in umgekehrtem Verhältnisse zu ihrer Grösse stehen". (Vergl. meine „Ziele und Wege der heutigen Entwickelungsgeschichte". Jen. Zeitschr. für Naturw. 1875. Bd. X. Supplem.)

Viel wichtiger noch wurde der Umstand, dass VIRCHOW seit seiner Uebersiedelung nach Berlin die theoretisch-wissenschaftliche Thätigkeit mehr und mehr mit der practisch-politischen vertauschte. Es ist allbekannt, welche hervorragende Rolle er daselbst bald in der preussischen Volks-Vertretung spielte, wie er sich zum Führer der Fortschrittspartei emporschwang und, um dieser politischen Stellung eine breite Basis zu geben, sich an der Gemeinde-Vertretung der Hauptstadt betheiligte; wie er als Stadtverordneter den thätigsten Antheil an allen den kleinen Sorgen und Geschäften nahm, welche die Verwaltung einer Stadt wie Berlin mit sich bringt. Ich bin weit davon entfernt, diese politische und communale Thätigkeit VIRCHOW's, der er unermüdlich seine besten Kräfte widmete, zu tadeln, wie es von vielen andern Seiten geschieht. Wenn Jemand Neigung und Beruf, Kraft und Talent genug in sich fühlt, eine bedeutende politische Rolle zu spielen, so mag er es thun. Ich beneide ihn wahrlich nicht darum; denn selbst die Befriedigung, welche die erfolgreichste und gelungenste politische Thätigkeit gewährt, ist nach meinem Geschmacke nicht zu vergleichen mit jener reinen und selbstlosen Geistesfreude, welche die Versenkung in schwierige und anstrengende wissenschaftliche Arbeiten gewährt. Im Gewühle des politischen und socialen Kampfes wird selbst die glänzendste Bürgerkrone von jenem unerquicklichen Staube des practischen Lebens bedeckt, welcher niemals in die Aether-Höhen der reinen Wissenschaft emporsteigt und auf dem Lorber des denkenden Forschers keinen Platz findet. Aber wie gesagt, das ist Geschmackssache. Wenn VIRCHOW wirklich glaubt, der Menschheit grössere Dienste durch seine practisch-politische Thätigkeit in Berlin zu leisten, als früher durch seine theoretisch-wissenschaftliche in Würzburg, so ist das seine Sache. Jedenfalls war er in letzterer unersetzlich und unvergleichlich, in ersterer dagegen nicht.

Wenn ein hervorragender Mann, sei er noch so sehr ausgezeichnet durch ungewöhnliche Arbeitskraft und umfassendes Talent, den ganzen Tag mit aufreibenden politischen Partei-Kämpfen verbringt, und daneben noch in all' den kleinen und unerquicklichen Kram des täglichen communalen Lebens hinabsteigt, dann ist es unmöglich für ihn, die nothwendige Fühlung mit den Fortschritten der Wissenschaft zu behalten; zumal wenn letztere so mächtig und unaufhaltsam fortschreitet, wie es in unseren Tagen der Fall ist. So wird es begreiflich, wie Virchow jene Fühlung bald verlor und im Laufe dieser beiden Decennien der Wissenschaft mehr und mehr entfremdet wurde. Und diese Entfremdung führte zuletzt zu einer so vollständigen Wandlung der wichtigsten Grundanschauungen, zu einer solchen Metapsychose, dass der heutige Virchow von 1878 den jugendlichen Virchow von 1848 kaum mehr zu verstehen im Stande ist.

Eine ähnliche Seelen-Wandlung haben wir gleichzeitig an einem unserer grössten Naturforscher, an Carl Ernst v. Baer erlebt. Auch dieser geniale und tiefdenkende Biologe, dessen Name eine neue Epoche in der Entwickelungsgeschichte bezeichnet, war im Alter vollständig unfähig geworden, die wichtigsten Probleme seiner bahnbrechenden Jugend-Arbeiten zu verstehen. Während er in den letzteren die werthvollsten Grundlagen für unsere heutige Entwickelungslehre vorbereitete, während er sogar nahe daran war, den Transformismus in sein System aufzunehmen, verlaugnete er später denselben vollständig und zeigte durch seine Schriften über den Darwinismus, dass er überhaupt nicht mehr im Stande war, diese schwierigen Probleme zu bemeistern. Da ich zu den wärmsten Verehrern Baer's gehöre und in meiner Anthropogenie (Cap. III), wie in der Schöpfungsgeschichte u. a. a. O. dieser aufrichtigen Hochschätzung den beredtesten Ausdruck gegeben habe, glaubte ich es unterlassen zu dürfen, jenen

Zwiespalt zwischen den klaren monistischen Principien des jungen BAER und den unklaren dualistischen Anschauungen des alten BAER hervorzuheben. Da aber viele Gegner des Darwinismus — und unter diesen namentlich der altkatholische Münchener Philosoph HUBER, in einer Reihe von Artikeln der Augsburger Allgemeinen Zeitung — aus dem harmlosen Geplauder des altersschwachen BAER fortwährend Capital gegen den Transformismus schlagen, so will ich hier doch ausdrücklich darauf hinweisen, dass diese dualistischen Plaudereien des Greises nicht im Stande sind, die monistischen Principien des jugendkräftigen und bahnbrechenden Kämpfers zu erschüttern und Lügen zu strafen.

Die Erklärung des auffallenden Widerspruchs gibt uns BAER in seiner Selbstbiographie. Im Jahre 1834 verliess er vollständig und für immer das Gebiet der Entwickelungsgeschichte, auf dem er 20 Jahre lang unablässig gearbeitet und die glänzendsten Lorbern geerntet hatte. Um den aufreibenden und schlafraubenden Ideen der mächtigen, ihn ganz absorbirenden Wissenschaft zu entgehen, flüchtete er von Königsberg nach Petersburg und beschäftigte sich seitdem mit gänzlich verschiedenen wissenschaftlichen Untersuchungen. Seitdem verflossen 25 lange Jahre, und als 1859 DARWIN's Werk erschien, war BAER längst viel zu sehr metapsychosirt, um dasselbe verstehen zu können. Bei BAER, wie bei VIRCHOW, ist der Verlauf dieser merkwürdigen Metapsychose höchst lehrreich und wird für den denkenden Psychologen sich selbst zu einem interessanten Beweise der Entwickelungslehre gestalten.

Uebrigens ist der Mangel an Verständniss für unsere heutige Entwickelungslehre bei VIRCHOW desshalb noch leichter zu erklären, als bei BAER, weil ersterem die morphologischen Kenntnisse grösstentheils fehlen, welche der letztere in so reichem Masse besass. Nun ist aber gerade die Morphologie dasjenige Gebiet der Forschung, auf welchem unsere Descendenz-Theorie die tiefsten Wurzeln ihrer Kraft besitzt und die glänzendsten Früchte der Erkenntniss gereift hat. Die organische Formenlehre oder Morphologie ist desshalb in höherem Maasse als die meisten anderen Wissenschaften an der Abstammungslehre interessirt, weil sie durch letztere erst wirklich zur Erkenntniss der bewirkenden Ursachen gelangt, und von der niederen Stufe einer beschreibenden Formenkunde zu dem höheren Range einer erkennenden Formen-Wissenschaft sich erhebt. Zwar hatte schon seit Beginn dieses Jahrhunderts der umfassendste Zweig der Morphologie, die von CUVIER begründete und von JOHANNES MÜLLER reich entwickelte vergleichende Anatomie, den ersten Grund zum Ausbau einer wahrhaft philosophischen Formen-Erkenntniss gelegt. Die Unmasse von manichfaltigem empirischen Material, welches die beschreibende Systematik und die zergliedernde Zootomie seit LINNÉ und PALLAS zusammengetragen hatte, war von den synthetischen Principien der vergleichenden Anatomie schon reichlich befruchtet und vielfach philosophisch verwerthet worden. Aber selbst die wichtigsten allgemeinen Organisations-Gesetze, zu denen die ältere vergleichende Anatomie gelangte, mussten noch zu mystischen „Bauplänen", zu schöpferischen End-ursachen (Causae finales) ihre Zuflucht nehmen; sie vermochten nicht zu einer wahren und klaren Erkenntniss der bewirkenden mechanischen Ursachen (Causae efficientes) durchzudringen. Diese letztere schwierigste und grösste Aufgabe löste erst 1859 CHARLES DARWIN, indem er durch seine Selections-Theorie der 50 Jahre älteren LAMARCK'schen Descendenz-Theorie den festen Boden gab. Dadurch erst wurde es möglich, die reiche, inzwischen angesammelte Masse empirischen Formen-Wissens durch das Descendenz-Princip zu dem erhabenen Bau einer mechanischen Formen-Wissenschaft zusammenzufügen. (Vergl. meine „Generelle Morphologie", Bd. I, Cap. IV.)

Den unermesslichen Fortschritt, welchen DARWIN hierdurch in der organischen Morphologie herbeiführte, kann nur Derjenige vollkommen würdigen, der gleich mir in der Schule der älteren teleologischen Morphologie erzogen wurde, und dem nun durch die Selections-Theorie mit einem Male die Augen über das grösste aller biologischen Räthsel, über die Schöpfung der organischen Artformen geöffnet wurden. Der Creatismus, das Schöpfungs-

Dogma, die mystische und dualistische Lehre von der isolirten Schöpfung der einzelnen Arten, war nun mit einem Schlage vernichtet. An seine Stelle trat für immer der Transformismus, die mechanistische und monistische Lehre von der Umbildung der organischen Formen, von der Abstammung aller Arten einer natürlichen Klasse von gemeinsamen Stammformen. Welche vollständige Umwandlung die mechanische Formen-Wissenschaft dadurch erleiden muss, habe ich in meiner „Generellen Morphologie der Organismen" (1866) zu zeigen versucht. Wer sich aber klar überzeugen will, welcher ungeheure Umschwung dadurch namentlich in der vergleichenden Anatomie herbeigeführt wurde, der vergleiche mit den älteren Lehrbüchern dieser Wissenschaft die classischen „Grundzüge der vergleichenden Anatomie" von Carl Gegenbaur (1870) und die neueste Auflage seines „Grundrisses" (1878).

Von allen diesen unermesslichen Fortschritten der Morphologie hat Virchow gar keine Ahnung, wie ihm von jeher dieses Gebiet überhaupt fern lag. Seine grossen Reformen der Pathologie wurzeln im Gebiete der Physiologie, und ganz besonders der „Cellular-Physiologie". Nun sind aber in den letzten 20 Jahren diese beiden Hauptzweige biologischer Forschung mehr und mehr auseinander gegangen. Der grosse Johannes Müller war der letzte Biologe, der das Gesammtgebiet organischer Naturforschung zusammenzuhalten vermochte und der in beiden Hälften desselben gleich unsterbliche Verdienste sich erwarb. Nach dem Tode Müller's (1858) fielen beide Hälften auseinander. Die Physiologie, als besondere Wissenschaft von den Functionen oder Lebensthätigkeiten der Organismen, wandte sich mehr und mehr der exacten und experimentellen Methode zu. Die Morphologie hingegen, als Wissenschaft von den Formen und Gestaltungen der Thiere und Pflanzen, konnte von dieser Methode naturgemäss nur sehr wenig Gebrauch machen; sie musste mehr und mehr zur Entwickelungsgeschichte ihre Zuflucht nehmen, und gestaltete sich so zu einer historischen Naturwissenschaft. Gerade auf diese historische und genetische Methode der Morphologie, im Gegensatze zur exacten und experimentellen Methode der Physiologie, habe ich in meiner Münchener Rede das Hauptgewicht gelegt. Wenn Virchow in seiner Gegenrede die letztere wirklich eingehend widerlegt, statt sie mit Phrasen und Denunciationen bekämpft hätte, so wäre gerade dieser principielle Gegensatz einer eingehenden Erörterung wohl werth gewesen.

Indessen will ich Virchow hierüber desshalb keine Vorwürfe machen, weil er ganz in den einseitigen Anschauungen der heutigen Schul-Physiologie befangen ist, und weil ihm eben die Morphologie viel zu fern liegt, als dass er über ihre Ziele und Wege ein selbstständiges Urtheil haben könnte. Wenn er trotzdem bei jeder Gelegenheit darüber ein absprechendes Urtheil fällt, so müssen wir seine Competenz dazu bestreiten. Er druckt zwar in seiner Münchener Rede mit gesperrter Schrift den Satz: „Das, was mich ziert, ist eben die Kenntniss meiner Unwissenheit." Allein ich bedaure, dass ich gerade diese Zierde ihm entschieden absprechen muss. Virchow weiss nicht, wie unwissend er in der Morphologie ist. Sonst würde er nicht jene vernichtenden Urtheile über dieselbe gefällt haben. Sonst würde er nicht fortwährend die Beschäftigung mit der Descendenz-Theorie als „Liebhaberei" und „Träumerei" bezeichnen, als „beliebige persönliche Speculation, welche sich jetzt auf vielen Gebieten der Naturwissenschaft breit macht". In der That thut mir Virchow zu viel Ehre an, wenn er das als meine „persönliche Liebhaberei" bezeichnet, was seit mehr als einem Decennium das werthvollste Gemeingut der morphologischen Wissenschaft geworden ist. Wenn Virchow mit der morphologischen Literatur nicht so unbekannt wäre, so müsste er wissen, dass dieselbe vom Descendenz-Princip bereits völlig durchdrungen ist; dass jede morphologische Arbeit, die ihre Aufgabe planvoll und zielbewusst verfolgt, die Abstammungslehre jetzt selbstverständlich als unentbehrlich voraussetzt. Alles das ist ihm unbekannt, und so wird es begreiflich, wie er immer „sichere Beweise" für die letztere verlangt, obwohl diese Beweise längst geliefert sind.

III. Schädeltheorie und Affentheorie.

Indem Virchow die Descendenz-Theorie fortwährend als eine „unbewiesene Hypothese" behandelt, indem er alle die gewichtigen Beweisgründe derselben ignorirt, entzieht er sich selbst das Recht, in dieser wichtigsten wissenschaftlichen Streitfrage der Gegenwart ein entscheidendes Wort mitzusprechen. Virchow ist in der That in der Transformismus-Frage incompetent, denn es fehlt ihm der grösste Theil der Kenntnisse und namentlich der morphologischen Kenntnisse, die zu ihrer Beurtheilung unentbehrlich sind. Ueber den Angelpunkt der ganzen Frage, über das Species-Problem kann er desshalb kein Urtheil haben, weil er niemals mit Systematik der Arten sich beschäftigt hat; die von ihm verlangten „Uebergänge" einer Art in die andere sind allenthalben reichlich vorhanden, wie jedem Systematiker bekannt ist. Man denke z. B. nur an *Rubus* und *Salix* unter den lebenden Pflanzen der Gegenwart, an die Ammoniten und Brachiopoden unter den ausgestorbenen Thieren. Von der historischen Entwickelung der höheren Thiere aus niederen kann Virchow desshalb keine selbstständige Anschauung besitzen, weil ihm das reiche Lebensgebiet der niederen Thiere fast ganz unbekannt ist und weil er von den erstaunlichen Fortschritten, die Hunderte von fleissigen Arbeitern gerade hier in den letzten beiden Decennien herbeigeführt haben, gar keine Vorstellung besitzt. Es kann aber keinem Zweifel unterliegen und ist auch sonst allgemein anerkannt, dass gerade die vergleichende Anatomie und Entwickelungsgeschichte der niederen, ja der niedersten Thiere die grössten Räthsel des Lebens gelöst und die schwierigsten Hindernisse der Abstammungslehre aus dem Wege geräumt hat. Dass echte Moneren existiren und bereits von vielen verschiedenen Beobachtern als structurlose „Organismen ohne Organe" sicher bestätigt worden sind, das ignorirt er einfach und versetzt dabei dem armen Bathybius einen Fusstritt. Und doch glaube ich (im „Kosmos", Bd. I, S. 293) hinreichend bewiesen zu haben, wie die Moneren ihre hohe principielle Bedeutung behalten, gleichviel ob der Bathybius existirt oder nicht.

Aber selbst im Gebiete der höheren Thiere, selbst in der vergleichenden Anatomie der höchsten, dem Menschen nächst stehenden Thiere, der Affen, steht Virchow den Anschauungen der heutigen Morphologie ganz fremd und verständnisslos gegenüber. Wir müssen hier desshalb darauf näher eingehen, weil gerade auf diesem Gebiete sich die einzigen morphologischen Versuche Virchow's bewegen, seine Untersuchungen über den Menschenschädel und Affenschädel. Gerade hier ist der einzige Punkt, in dem er eine nähere Bekanntschaft mit der Morphologie gesucht hat. Gerade hier zeigt sich auf das Einleuchtendste, wie wenig er mit den neueren Fortschritten unserer Wissenschaft bekannt ist, und wie er von der ausserordentlichen Bedeutung der Descendenz-Theorie für dieselbe gar keine Vorstellung hat.

Die Schädellehre ist bekanntlich seit langer Zeit ein bevorzugtes Lieblingsthema nicht allein hervorragender Naturforscher, sondern auch geistreicher Dilettanten gewesen. Unzweifelhaft kann der Schädel, als die knöcherne Kapsel, welche unmittelbar unser wichtigstes Seelen-Organ, unser Gehirn umschliesst, ganz besonderen Anspruch auf morphologische Bedeutung machen. Denn die Gesammtbildung des Schädels entspricht im Grossen und Ganzen der Entwickelung des von ihm umschlossenen Gehirns, und die Innenfläche des ersteren giebt annähernd eine Vorstellung von der Aussenfläche des letzteren. In diesen Erwägungen liegt der einzige gesunde Kern der sonst krankhaft ausgewachsenen „Phrenologie". Die verschiedenartige Entwickelung des Schädels gestattet einen annähernden Schluss auf die verschiedene Entwickelungsstufe des Gehirns und der Seelenthätigkeit. Die vergleichende Betrachtung des Schädels der verschiedenen Wirbelthiere erregte daher schon zu Ende des vorigen Jahrhunderts, als die „vergleichende Anatomie" sich zu einer besonderen Wissenschaft zu gestalten begann, das lebhafte Interesse der Morphologen. Daran knüpfte sich weiterhin die genetische Frage nach der morphologischen Bedeutung und Entwickelung des Schädels. Kein geringerer als unser grösster Dichter war es, der (1790) diese Frage zuerst beantwortete und die Theorie aufstellte, dass der Schädel nichts Anderes sei, als das umgebildete vorderste Ende der Wirbelsäule; dass die einzelnen Knochen-Gruppen, die am menschlichen und an jedem höheren Wirbelthier-Schädel hintereinander liegen, einzelnen umgebildeten Wirbelknochen entsprechen. Diese „Wirbeltheorie des Schädels", die gleichzeitig und unabhängig von GOETHE auch OKEN zu begründen versuchte, erregte das allgemeinste Interesse und erhielt sich 70 Jahre lang in allgemeiner Geltung, wenn auch viele Versuche gemacht wurden, sie im Einzelnen zu verbessern und auszubilden.

Ein ganz neues Licht musste natürlich auf diese, wie auf alle andern morphologischen Fragen fallen, sobald uns DARWIN 1859 auf's Neue die Fackel der Descendenz-Theorie in die Hand gegeben hatte. Die Frage nach der Entstehung des Schädels gewann jetzt eine reale, greifbare Gestalt. Da alle Wirbelthiere, vom Fische bis zum Menschen hinauf, in ihrem wesentlichen inneren Bau so sehr übereinstimmen, dass sie vernünftigerweise nur als Zweige eines Stammbaumes, als Abkömmlinge einer gemeinsamen Stammform aufgefasst werden können, so sprang jetzt für die Schädel-Theorie die bestimmt formulirte Frage in den Vordergrund: „Wie ist der Schädel des Menschen und der höheren Wirbelthiere aus demjenigen der niederen historisch entstanden? Wie ist die Entwickelung der Schädelknochen aus Wirbelknochen zu begründen?" Die Beantwortung dieser schwierigen Frage geschah in grossartiger, umfassender und genialer Weise durch den Ersten unter den vergleichenden Anatomen der Gegenwart, durch CARL GEGENBAUR. Nachdem schon HUXLEY darauf hingewiesen hatte, dass die Ontogenese oder die individuelle Entwickelung des Schädels nicht zu Gunsten der älteren GOETHE-OKEN'schen Schädel-Theorie spreche, führte GEGENBAUR den Nachweis, dass zwar der Grundgedanke der letzteren richtig sei, dass der Schädel in der That einer Reihe verschmolzener Wirbel entspreche, dass aber nicht die einzelnen Schädel-Knochen auf Theile solcher umgebildeter Wirbel zu beziehen sind. Vielmehr sind die Schädel-Knochen der heute lebenden Wirbelthiere grossentheils Deckknochen der äusseren Haut, welche erst nachträglich zu dem knorpeligen Urschädel in nähere Beziehungen getreten sind. Dieser Urschädel aber zeigt uns noch heute durch die Zahl der an ihm befestigten „unteren Wirbelbogen" (Kiemenbogen), sowie durch die Zahl und Vertheilung der Löcher, aus welchen die Hirnnerven austreten, die Zahl und Lage der (9—10) Urwirbel an, aus denen er ursprünglich entstanden ist. Annähernd haben die Form und Bildung dieses ursprünglichen Urschädels unter den heute noch lebenden Wirbelthieren am besten die Urfische oder Selachier bewahrt. Diese Selachier, die Rochen und Haifische, sind es überhaupt, die das hellste Licht über die Stammesgeschichte der Wirbelthiere und über die Organisation unserer älteren, fischartigen Vorfahren verbreiten. Es gehört zu den besonderen Verdiensten von GEGENBAUR, diese Stellung der Selachier, als der gemeinsamen Vorfahren aller Wirbelthiere, von den Fischen aufwärts bis zum Menschen, fest und klar begründet zu haben.

Nur wer selbst sich eingehend mit der vergleichenden Morphologie der Wirbelthiere beschäftigt hat, wer selbst aus diesem Labyrinth von verwickelten morphologischen Problemen den genetischen Ausweg an der Hand der Descendenz-Theorie gesucht hat, kann das unvergleichliche Verdienst richtig schätzen, welches sich GEGENBAUR durch diese und andere „Untersuchungen zur vergleichenden Anatomie der Wirbelthiere" erworben hat. Diese Untersuchungen zeichnen sich ebenso durch gründliche Kenntniss und sorgfältige Durcharbeitung des ungemein umfangreichen empirischen Materials aus, wie durch die kritische Sichtung und philosophische Verwerthung desselben. Sie stellen zugleich den unermesslichen Werth in das hellste Licht, welchen die Descendenz-Theorie für die c a u s a l e Erklärung der schwierigsten morphologischen Probleme besitzt. Mit vollem Rechte konnte daher GEGENBAUR in der Einleitung zu seiner vergleichenden Anatomie den Satz aussprechen: „An der vergleichenden Anatomie wird die Descendenz-Theorie zugleich einen Prüfstein finden. Bisher besteht keine vergleichend-anatomische Erfahrung, die ihr widerspräche; vielmehr führen uns alle darauf hin. So wird jene Theorie das von der Wissenschaft zurückempfangen, was sie ihrer Methode gegeben hat: K l a r h e i t und S i c h e r h e i t." In der That wüssten wir keine morphologischen Untersuchungen hervorzuheben, die diesen Satz besser begründeten, als gerade jene phylogenetischen Untersuchungen über „das Kopfskelet der Selachier, als Grundlage zur Beurtheilung der Genese des Kopf-Skelets der Wirbelthiere" (1872).

Da VIRCHOW sich schon früher mit der älteren Schädel-Theorie eingehend beschäftigt und in seiner trefflichen Rede über „GOETHE als Naturforscher" (1861) eine recht gute Darstellung derselben gegeben hatte, da er ferner zur normalen und pathologischen Anatomie des Menschen-Schädels sehr werthvolle Beiträge geliefert hatte, so hätte man erwarten dürfen, dass er die gewaltige Reform der Schädel-Theorie durch GEGENBAUR, diese historische Lösung des Schädel-Problems, mit grösstem Interesse aufgenommen und zur Richtschnur seiner weiteren Untersuchungen gemacht hätte. Allein vergeblich suchen wir auch in den neuesten Beiträgen VIRCHOW's zur Kenntniss des Menschen-Schädels nach irgend einer Andeutung, dass er GEGENBAUR's Untersuchungen kennt oder würdigt. Dagegen sehen wir ihn fortwährend ohne klar bewusstes Ziel auf jenem breitgetretenen und abgegangenen Pfade der Schädeluntersuchung sich bewegen, der in der Schädelmessung oder C r a n i o m e t r i e das höchste Ziel der craniologischen Wissenschaft erblickt.

Wir sind weit entfernt, die hohe Bedeutung zu unterschätzen, welche eine möglichst genaue und sorgfältige Beschreibung und Messung der verschiedenen Schädelformen, als empirische Grundlage für die wirklich wissenschaftliche Schädellehre, für die vergleichende und genetische Craniologie besitzt. Aber das müssen wir doch sagen, dass die Art und Weise, wie diese Schädelmesserei jetzt seit Jahrzehnten von zahlreichen „Craniologen" betrieben und als „exacte" Morphologie des Schädels gepriesen wird, entsprechende wissenschaftliche Resultate gar nicht liefern kann, vielmehr stark in das Gebiet harmloser Spielerei sich verirrt. Eine Masse Zeit und Arbeitskraft ist in den letzten zehn Jahren mit Streitigkeiten über die besten Methoden der Schädelmessung vergeudet worden, ohne dass die betreffenden Craniologen sich vorher die nächstliegende Hauptfrage beantwortet hätten, was sie denn eigentlich mit diesen speciellen Messungen erreichen wollen, welche Sätze sie damit beweisen wollen? Die Meisten von jenen zahlreichen Schädelmessern kennen weiter nichts als den ausgebildeten menschlichen Schädel oder höchstens den Schädel einiger anderer Säugethiere; hingegen ist ihnen die vergleichende Morphologie und Entwickelungsgeschichte des Schädels der niederen Wirbelthiere ganz unbekannt; und doch enthält diese letztere allein den wahren Schlüssel für das Verständniss des ersteren. Ein einziger Monat, den jene „exacten Craniometer" auf das Studium von GEGENBAUR's Schädel-Theorie und auf Prüfung derselben am Selachier-Schädel verwendet hätten, würde ihnen mehr Früchte getragen und mehr Licht angezündet haben, als das jahrelange Beschreiben und Messen der verschiedensten menschlichen Schädel.

Welche allgemeinen Resultate diese sogenannte „exacte" Methode in der Schädellehre zu Tage gefördert hat, davon gibt uns VIRCHOW selbst das schlagendste Beispiel. In seinem populären Vortrage über „Menschen- und Affenschädel" (1870) kommt er zuletzt zu dem merkwürdigen Satze: „Es liegt daher auf der Hand, dass durch eine fortschreitende Entwickelung des Affen nie ein Mensch entstehen kann." Jeder Transformist, der mit den betreffenden Thatsachen der vergleichenden Morphologie vertraut ist, wird daraus den entgegengesetzten Schluss ziehen: „Es liegt daher auf der Hand, dass nur durch fortschreitende Entwickelung des Affen (-Organismus) der Mensch ursprünglich entstehen konnte."

Wir treten hiermit an diejenige Frage heran, welche in der populären Behandlung der Entwickelungslehre mit Recht als die wichtigste Schlussfolgerung derselben, und als die Krönung des transformistischen Lehrgebäudes betrachtet wird, an den bekannten Satz: „Der Mensch stammt vom Affen ab." Indem wir alle die Entstellungen, Verdrehungen und Missdeutungen, die diese Affenlehre oder Pithecoiden-Theorie vielfach erfahren hat, einfach ignoriren, wollen wir nur bemerken, dass der Hauptsatz derselben im Sinne unserer heutigen Entwickelungslehre vernünftiger Weise nur den Sinn haben kann: Das Menschen-Geschlecht als Ganzes hat sich aus der Ordnung der Affen und zwar aus einer (oder vielleicht mehreren) längst ausgestorbenen Affen-Formen entwickelt; die nächsten Vorfahren des Menschen in der langen Reihe seiner Wirbelthier-Ahnen waren Affen oder doch affenartige Thiere. Selbstverständlich ist keine unter den heute noch lebenden Affenarten als unveränderter Nachkomme jener uralten Stammform zu betrachten. Indem auch Virchow die „Affenfrage" in diesem Sinne auffasst, beantwortet er sie zugleich wie Bastian in einem entgegengesetzten Sinne. Mit gesperrter Schrift verkündet er: „Wir können nicht lehren, wir können es nicht als eine Errungenschaft der Wissenschaft bezeichnen, dass der Mensch vom Affen oder von irgend einem andern Thiere abstamme." (S. 31.)

Wenn ich in directem Gegensatze dazu, und in Uebereinstimmung mit fast allen zoologischen Fachgenossen, die „Abstammung des Menschen vom Affen" als eine der sichersten phylogenetischen Hypothesen ansehe, so will ich doch gleich hier ausdrücklich hervorheben, dass die relative Sicherheit dieser, wie jeder anderen stammesgeschichtlichen Hypothese nicht zu vergleichen ist mit der absoluten Sicherheit der allgemeinen Descendenz-Theorie. Schon vor zehn Jahren, in der ersten Auflage meiner „Natürlichen Schöpfungsgeschichte" (1868) habe ich in dieser Beziehung ausdrücklich bemerkt (S. 542): „Der Stammbaum des Menschengeschlechts bleibt natürlich (gleich allen Stammbäumen der Thiere und Pflanzen) in allen seinen Einzelheiten nur eine mehr oder weniger annähernde genealogische Hypothese. Dies thut aber der Anwendung der Descendenz-Theorie auf den Menschen im Ganzen keinen Eintrag. Hier wie bei allen Untersuchungen über die Abstammung der Organismen, müssen wir wohl unterscheiden zwischen der generellen Descendenz-Theorie, und der speciellen Descendenz-Hypothese. Die allgemeine Abstammungs-Theorie beansprucht volle und bleibende Geltung, weil sie durch alle allgemeinen biologischen Erscheinungsreihen und durch deren inneren ursächlichen Zusammenhang inductiv begründet wird. Jede besondere Abstammungs-Hypothese hingegen ist in ihrer speciellen Geltung durch den jeweiligen Zustand unserer biologischen Erkenntniss bedingt, und durch die Ausdehnung der objectiven empirischen Grundlagen, auf welche wir durch subjective Schlüsse diese Hypothese deductiv gründen" u. s. w. Ausdrücklich muss ich hier hinzufügen, dass ich diese Verwahrung bei jeder Gelegenheit wiederholt und stets auf den Unterschied hingewiesen habe, welcher zwischen der absoluten Sicherheit des generellen Transformismus und der relativen Sicherheit jedes einzelnen Stammbaums besteht. Wenn daher SEMPER und Andere meiner Gegner behaupten, dass ich meine Stammbäume als „unfehlbare Dogmen" lehre, so ist das einfach eine Lüge. Ich habe vielmehr bei jeder Gelegenheit darauf hingewiesen, dass ich sie nur als heuristische Hypothesen ansehe, als das beste Hilfsmittel, um die wirkliche Stammverwandtschaft der organischen Formen mehr und mehr annähernd zu erforschen.

Da die Auffassung des natürlichen Thier-Systems als eines hypothetischen Stammbaums und die damit verknüpfte phylogenetische Deutung der „Formen-Verwandtschaft" die einzige vernunftgemässe Deutung der letzteren überhaupt ist, so haben meine ersten genealogischen Versuche bald vielfache Nachfolger gefunden, und gegenwärtig schon sind zahlreiche fleissige

Arbeiter in den verschiedensten Gebieten der systematischen Zoologie bemüht, in der Aufstellung solcher hypothetischen Stammbäume den kürzesten und übersichtlichsten Ausdruck für die gegenwärtige Auffassung der Formen-Verwandtschaft zu finden. Wenn Virchow nicht so unbekannt mit der wahren Bedeutung und Methode, wie mit den Fortschritten und Erkenntnissen der systematischen Morphologie wäre, so müsste er das wissen, und er würde sich dann wohl auch gehütet haben, alle diese ernsten phylogenetischen Studien als persönliche Liebhabereien und als werthlose Träumereien zu verspotten.

Welche gewaltigen Fortschritte zu einer mechanischen Morphologie wir durch diese phylogenetische Bearbeitung des Systems gemacht haben, wie in die frühere todte und starre Systematik dadurch auf einmal Licht und Leben gekommen ist, das kann allerdings nur der verstehen, der sich jahrelang selbst mit specieller Systematik und Species-Gruppirung eingehend beschäftigt hat; Virchow hat nicht eine entfernte Ahnung davon. Uebrigens sind diese Versuche jetzt schon so weit vorgeschritten, dass ein grosser Theil der phylogenetischen Hypothesen als nahezu sicher angesehen wird und schwerlich mehr wesentliche Veränderungen erleiden dürfte; während allerdings die Mehrzahl derselben noch immer schwankend ist und von den einen Systematikern in dieser, von den anderen in jener Richtung zu bessern gesucht wird.

Für beinahe sicher gelten z. B. folgende phylogenetische Hypothesen: Abstammung aller vielzelligen Thiere von einzelligen, Abstammung der Medusen von Hydroid-Polypen, Abstammung der gegliederten Würmer von ungegliederten, Abstammung der saugenden Insecten von kauenden Insecten, Abstammung der Amphibien von Fischen, Abstammung der Vögel von Reptilien, Abstammung der Placentalthiere von Beutelthieren u. s. w. Für ebenso sicher halte ich persönlich auch die Abstammung des Menschen vom Affen; ja ich betrachte gerade diese wichtigste und folgenschwerste Stammes-Hypothese als eine von denjenigen, welche schon jetzt am besten empirisch begründet sind.

Eigentlich hat schon Huxley, als der Erste, vor 15 Jahren

in seinen berühmten „Zeugnissen für die Stellung des Menschen in der Natur" (1863) die unzweifelhafte „Abstammung des Menschen vom Affen" so vortrefflich begründet und die dabei in Betracht zu ziehenden Verhältnisse so klar erörtert, dass uns Anderen gerade hier nur sehr wenig mehr zu thun blieb. Das Resultat seiner vergleichend-morphologischen Untersuchungen gipfelt in dem Satze: „Wir mögen daher ein System von Organen vornehmen, welches wir wollen, die Vergleichung ihrer Modificationen in der Affenreihe führt uns zu einem und demselben Resultate: dass die anatomischen Verschiedenheiten, welche den Menschen vom Gorilla und Schimpanse scheiden, nicht so gross sind, als die, welche den Gorilla von den niedrigeren Affen trennen." Es ist daher für den objectiven Zoologen nach den Grundsätzen der vergleichenden Systematik ganz unmöglich, den Menschen im Thiersystem einen anderen Platz als in der Ordnung der Affen anzuweisen; und es ist ganz gleichgültig, ob wir diese einheitliche Gruppe als Ordnung der Affen oder (mit Linné) als Primaten bezeichnen. Für die phylogenetische Deutung des Systems ergibt sich aber aus dieser unvermeidlichen Gruppirung die gemeinsame Abstammung des Menschen und Affen von einer Stammform; und auf diesen Satz kommt es ja für die allgemeinen Folgerungen der „Affen-Hypothese" allein an. Wie jene gemeinsame Stammform des Menschen und Affen beschaffen war, darüber könnten vielleicht noch verschiedene Ansichten gegenüber gestellt werden; wer aber die Gesammtheit aller dabei in Betracht kommenden Thatsachen kennt und unbefangen würdigt, der muss schliesslich zu der sicheren Ueberzeugung gelangen, dass jene hypothetische, längst ausgestorbene Stammform eben nur ein echter Affe gewesen sein kann, d. h. eine placentale Säugethier-Form, die wir, wenn wir sie heute lebend vor uns hätten, auf Grund ihrer zoologischen Charactere ganz unzweifelhaft als echten Affen in der Ordnung der Affen oder Primaten unterbringen würden.

Bei diesen, wie bei anderen guten phylogenetischen Hypothesen gelangt man am leichtesten zur Ueberzeugung von ihrer

Wahrheit, wenn man die anderen, daneben noch möglichen Hypothesen in Betracht zieht. Nun hat aber in der That kein einziger Gegner der Affen-Hypothese ihr eine andere phylogenetische Hypothese gegenüber zu stellen vermocht, die nur einen Schimmer von Wahrscheinlichkeit hätte. Kein einziger Gegner hat eine andere Thierform namhaft gemacht und namhaft machen können, welche mit mehr Wahrscheinlichkeit für unseren nächsten Ahnherrn gelten könnte, als der Affe. Mir hat noch Niemand vorgeworfen, dass Mutter Natur mich mit zu wenig Phantasie begabt hätte; im Gegentheil wird mir ja häufig ein Uebermaass dieses Himmels-Geschenks zum Vorwurfe gemacht. Nun habe ich schon oft und wiederholt alle meine Phantasie angestrengt, um mir irgend eine andere bekannte oder unbekannte Thierform als nächste Ahnenform des Menschen, an Stelle des Affen, vorzustellen; ich bekenne aber, dass ich dazu völlig unfähig bin; immer wieder komme ich mit Nothwendigkeit auf die Affen-Abstammung zurück. Ich kann mir die äussere Form und die innere Organisation der nächsten Säugethier-Vorfahren des Menschengeschlechts vorstellen, wie ich will — immer wieder werde ich zu der Anerkennung gezwungen, dass diese hypothetische Stammform unter den zoologischen Ordnungs-Begriff der „Affen" gehört, dass sie von den Simien oder Primaten unmöglich getrennt werden kann. Will aber Jemand trotzdem aus „persönlicher Liebhaberei" irgend eine andere Reihe von unbekannten thierischen Vorfahren des Menschen annehmen, die mit den Affen Nichts zu thun haben, so ist das eben eine leere Hypothese, welche völlig in der Luft schwebt. Unsere Affen-Hypothese hingegen ist durch die wesentliche Uebereinstimmung im inneren Körperbau des Menschen und Affen, und durch die Identität ihrer embryonalen Entwickelung ganz objectiv begründet, wie ich das in meiner Anthropogenie ausführlich nachgewiesen habe (XIX. und XXVI. Vortrag).

Sehr bezeichnend für die Unbekanntschaft Virchow's mit dieser zoologischen Frage, in der ich als Zoologe von Fach seine Competenz entschieden bestreiten muss, ist die Art und Weise, wie er hier gerade die Paläontologie in den Vordergrund stellt und der Descendenz-Theorie die Aufgabe zuschiebt, eine ununterbrochene Stufenleiter von fossilen Uebergangsformen zwischen Affen und Menschen aufzufinden. Die Gründe, wesshalb die Lösung dieser Aufgabe nicht zu erwarten ist, die ausserordentliche Unvollständigkeit der paläontologischen Schöpfungs-Urkunden, die natürlichen Hindernisse für die paläontologische Begründung des Stammbaums, sind von DARWIN selbst (im IX. und X. Capitel seines Hauptwerks) so einleuchtend entwickelt worden, dass ich eben gerade hier wieder zu der Ueberzeugung komme, dass VIRCHOW letzteres überhaupt niemals aufmerksam gelesen hat.

Uebrigens hat schon lange vor DARWIN der Schöpfer der neueren Geologie, der geniale LYELL, klar und überzeugend nachgewiesen, aus wie vielen Gründen der grösste Theil der Versteinerungs-Reihen höchst unvollständig bleiben muss, und später sind diese Gründe so oft und so ausführlich (unter Anderen auch von mir im XV. Capitel der Natürl. Schöpfungsgesch., p. 354—361) erörtert worden, dass es völlig überflüssig ist, diese allbekannten und breitgetretenen Fragen hier nochmals eingehender aus einander zu setzen. Es zeigt sich eben nur, wie unbekannt VIRCHOW auch mit der Geologie und Paläontologie ist, und wie kurzsichtig er diese historischen Verhältnisse beurtheilt.

IV. Zellseele und Cellular-Psychologie.

Kein Angriff in VIRCHOW's Münchener Rede hat mich so überrascht, und keiner zeugt so sehr von der Umkehr seiner wichtigsten wissenschaftlichen Anschauungen, als derjenige, den er gegen meine psychologischen und cellular-physiologischen Bemerkungen gerichtet hat. Es entblösst sich hier in seinen Grundanschauungen ein mystischer Dualismus, der zu dem früheren mechanischen Monismus des berühmten Würzburger Pathologen im schärfsten Gegensatze steht.

Ich hatte in meinem Münchener Vortrage (S. 12) „die grossartige und höchst fruchtbare Anwendung" hervorgehoben, „welche VIRCHOW in seiner Cellular-Pathologie von der Zellentheorie auf das Gesammtgebiet der theoretischen Medicin gegeben hat", und in consequenter Ausführung derselben betont, dass man eigentlich jeder organischen Zelle ein selbständiges Seelenleben zuschreiben müsse. „Diese Auffassung wird endgültig begründet durch das Studium der Infusorien, Amoeben und anderer einzelliger Organismen. Denn hier treffen wir bei den einzelnen, isolirt lebenden Zellen dieselben Aeusserungen des Seelenlebens, Empfindung und Vorstellung, Willen und Bewegung, wie bei den höheren, aus vielen Zellen zusammengesetzten Thieren" (S. 13).

Gegen diese Theorie der Zellseele, die ich für eine unvermeidliche Consequenz der früheren cellular-physiologischen Anschauungen VIRCHOW's halte, erhebt derselbe jetzt den entschiedensten Protest; sie ist für ihn „ein blosses Spiel mit Worten". Er bestreitet sogar entschieden „das wissenschaftliche Bedürfniss, das Gebiet der geistigen Vorgänge über den Kreis derjenigen Körper hinaus auszudehnen, in und an denen wir sie sich wirklich darstellen sehen"! Er sagt ferner: „Wenn ich Anziehung und Abstossung für geistige Erscheinungen, für psychische Phänomene erkläre, dann werfe ich einfach die Psyche zum Fenster hinaus; dann hört die Psyche auf, Psyche zu sein" (S. 27). Er sagt endlich: „Für uns ist zweifellos die ganze Summe psychischer Erscheinungen an bestimmte Thiere, nicht an die Gesammtheit aller organischen Wesen, ja nicht einmal an alle Thiere überhaupt geknüpft, das behaupte ich ohne Anstand. Wir haben keinen Grund, jetzt schon davon zu sprechen, dass die niedrigsten Thiere psychische Eigenschaften besässen; wir finden dieselben nur bei den höheren, und ganz sicher nur bei den höchsten."

Als ich diese und die damit zusammenhängenden weiteren erstaunlichen Sätze in VIRCHOW's Rede zum ersten Male las, musste ich mich unwillkührlich fragen: Kann denn das derselbe VIRCHOW sein, bei dem ich vor 25 Jahren in Würzburg gelernt habe, dass die Seelenthätigkeit des Menschen und der Thiere auf mechanischen Vorgängen in den Seelen-Organen beruht, dass diese Organe gleich allen anderen Organen aus Zellen zusammengesetzt sind, und dass die Thätigkeit der Organe weiter Nichts ist, als die Summe der Thätigkeiten aller sie zusammensetzenden Zellen? Ist das derselbe VIRCHOW, dessen wichtigste Lehre die Zurückführung aller körperlichen und geistigen Vorgänge im menschlichen Organismus auf Mechanik des Zellenlebens war, der die Einheit aller Lebens-Erscheinungen mit demselben Nachdruck vertrat, mit dem wir jetzt gezwungen sind, sie gegenüber seinen Angriffen zu vertheidigen?

In der That und ohne Zweifel liegt hier ein neuer Beweis für VIRCHOW's Umkehr in den fundamentalen wissenschaftlichen Principien vor. Denn die von mir geforderte Cellular-Psychologie ist nur eine nothwendige Consequenz der von VIRCHOW vertretenen Cellular-Physiologie. Seine jetzige Opposition gegen die erstere ist entweder ein Verzicht auf die letztere oder eine unhaltbare Inconsequenz. Zur Erklärung dieser auffallenden Metapsychose werden wir am besten thun, zunächst einen allgemeinen Blick auf die Seele überhaupt und dann einen besonderen Blick auf die Zellseele zu thun.

Was ist Seele oder Psyche? Die zahllosen verschiedenen Antworten, die auf diese erste Hauptfrage der Psychologie gegeben worden sind, lassen sich sämmtlich, von allem nebensächlichen Beiwerk befreit, in zwei verschiedene Hauptgruppen bringen, die wir kurz als monistische und als dualistische Seelen-Hypothese bezeichnen wollen. Nach der monistischen (oder realistischen) Seelen-Hypothese ist „Seele" weiter Nichts als die Summe einer Anzahl von besonderen Zellenthätigkeiten, unter denen Empfinden und Wollen, sinnliche Empfindung und willkührliche Bewegung die wichtigsten und am allgemeinsten verbreiteten sind; dazu gesellen sich noch bei den höheren Thieren und beim Menschen die verwickelteren Thätigkeiten der Ganglien-Zellen, welche unter den Begriffen: Denken und Bewusstsein, Verstand und Vernunft zusammengefasst werden. Gleich allen anderen Thätigkeiten der organischen Zellen beruhen demnach auch die Seelen-Thätigkeiten im letzten Grunde auf materiellen Bewegungs-Erscheinungen, und zwar auf Bewegungen der Plasson-Moleküle oder Plastidule, der kleinsten Theilchen des Protoplasma (und vielleicht auch des Nucleus); wir würden dieselben, gleich allen erkennbaren Natur-Vorgängen, wirklich erklären und begreifen können, wenn wir im Stande wären, sie auf Mechanik der Atome zurückzuführen. Diese monistische Seelen-Hypothese ist daher im Grunde mechanistisch. Wenn die psychische Mechanik, die „Psychophysik" nicht so unendlich zusammengesetzt und verwickelt wäre, wenn wir im Stande wären, auch die geschichtliche Entwickelung der psychischen Functionen vollständig zu übersehen, so würden wir sie alle (mit Inbegriff des Bewusstseins!) in eine mathematische „Seelenformel" bringen können.

Nach der entgegengesetzten dualistischen (oder spiritualistischen) Seelen-Hypothese ist hingegen die „Seele" eine besondere Substanz, die von den Meisten in gröberer Weise als ein gasförmiger Körper, von Anderen in feinerer Weise als ein immaterielles Wesen vorgestellt wird. Diese „Seelen-Substanz" besteht unabhängig vom Thier-Körper, und tritt nur zeitweise mit bestimmten Organen desselben, mit den Seelen-Organen in die nächsten Beziehungen. Man könnte sich vorstellen, dass diese Seelen-Substanz, ähnlich dem allgemein angenommenen, unwägbaren Lichtäther, zwischen den wägbaren Molekülen der Seelen-Organe und speciell der Nervenzellen schwebe, und dass diese Verkettung der imponderablen Seele mit dem ponderablen Körper nur so lange bestehe, als das individuelle Leben andauert. Im Momente der Entstehung des individuellen Organismus, beim Zeugungs-Acte, fährt diese imponderable „Seele" in den Körper hinein, und im Momente des Todes, bei der Vernichtung des lebenden Individuums, verlässt sie denselben wieder. Diese mystische oder dualistische Seelen-Hypothese, die bekanntlich noch heute allgemein vorherrscht, ist im Grunde vitalistisch, indem sie die Kraft, welche mit der Seelensubstanz verknüpft ist, gleich der früheren „Lebenskraft" als eine besondere, von den mechanischen Kräften ganz unabhängige Kraft betrachtet. Diese Kraft beruht nicht auf materiellen Bewegungs-Erscheinungen, und ist von der Mechanik der Atome ganz unabhängig. Das oberste Gesetz der neueren Naturwissenschaft, das Gesetz von der Erhaltung der Kraft, hat auf das Gebiet des Seelen-Lebens demnach gar keine Anwendung; die mechanische Causalität, die in allen Naturvorgängen sich geltend macht, existirt für die Seele nicht. Die Psyche ist mit einem Worte eine übernatürliche Erscheinung, und das übernatürliche Gebiet der „Geisterwelt" steht unabhängig und frei neben dem natürlichen Gebiet der „Körperwelt".

Vergleichen wir nun die psychologischen Anschauungen des jugendlichen und vorurtheilsfreien Würzburger VIRCHOW mit denjenigen des gealterten und mystischen Berliner VIRCHOW, so kann es für den Unbefangenen nicht zweifelhaft sein, dass der erstere vor einem Viertel-Jahrhundert ein eben so entschiedener und consequenter Monist war, wie der letztere heute ein offenbarer und überzeugter Dualist ist. Das grosse Verdienst, welches sich VIRCHOW vor 25 Jahren um die natürliche Auffassung der menschlichen Natur erwarb, der hohe Ruhm, den er damals im Kampfe um die Wahrheit erntete, beruht gerade darauf, dass er bei jeder Gelegenheit mit voller Energie die Einheit aller Lebens-Erscheinungen hervorhob und die mechanische Natur derselben betonte. Alles organische Leben, also auch das Seelenleben, beruht auf „Mechanismus", auf jenem causalen Mechanismus, von dem KANT sagt, dass er „allein eine wirkliche Erklärung einschliesst", und dass es ohne denselben überhaupt „keine Naturwissenschaft geben kann". Sehr gut sagt darüber VIRCHOW in seiner Rede über „die Einheitsbestrebungen in der wissenschaftlichen Medicin" (1849): „Leben ist nur eine besondere Art der Mechanik, und zwar die allercomplicirteste Form derselben; diejenige, wo die gewöhnlichen mechanischen Gesetze unter den ungewöhnlichsten und mannigfaltigsten Bedingungen zu Stande kommen. — Das Leben ist also, gegenüber den allgemeinen Bewegungs-Vorgängen in der Natur, etwas Besonderes; allein es bildet nicht einen diametralen, dualistischen Gegensatz zu denselben, sondern nur eine besondere Art der Bewegung. — Die Bewegung selbst ist eine mechanische, denn wie sollte sie sonst zu unserer Kenntniss kommen, wenn sie nicht auf die sinnlichen Eigenschaften der Körper begründet wäre? Die Träger der Bewegung sind bestimmte chemische Stoffe, denn wir kennen keine anderen Stoffe im Körper als chemische. . Die einzelnen Bewegungs-Acte reduciren sich auf mechanische (physikalisch-chemische) Veränderungen der die organischen Einheiten, die Zellen und ihre Aequivalente, constituirenden Elemente." Diese und viele ähnlichen Aeusserungen in den früheren Schriften VIRCHOW's — ganz besonders in dem ausgezeichneten Vortrag „über die mechanische Auffassung des Lebens" (1858) — lassen keinen Zweifel darüber, dass er damals mit klarem Bewusstsein und voller Energie, eben sowohl in der Psychologie, wie in den gesammten übrigen Theilen der Physiologie, denjenigen mechanischen Standpunkt vertrat, den wir heute als das wesentliche Grundprincip unseres

Monismus auffassen, und der zu dem Dualismus der vitalistischen Lehren in unversöhnlichem Gegensatze steht. Für die Befreiung von allen Vorurtheilen des letzteren, für die Bekehrung zu ersterem, bin ich keinem meiner Lehrer so sehr verbunden, wie RUDOLF VIRCHOW. Denn sein vorzüglicher Unterricht war es, der damals mich gleich vielen Anderen auf das Festeste von der alleinigen Berechtigung der mechanischen Naturbetrachtung überzeugte. Er leitete mich zu der klaren Erkenntniss, dass die Natur des Menschen, wie jedes anderen Organismus, nur als ein einheitliches Ganzes richtig zu verstehen ist, dass sein geistiges und sein körperliches Wesen untrennbar sind, und dass die Erscheinungen des Seelenlebens gleich allen anderen Lebens-Erscheinungen, nur auf materieller Bewegung, auf mechanischen (physikalisch-chemischen) Veränderungen der Zellen beruhen. Und in voller Uebereinstimmung mit meinem hochverehrten Lehrer unterschrieb ich damals und unterschreibe ich noch heute den Satz, mit welchem er (im September 1849) das Vorwort zu den oben angeführten „Einheitsbestrebungen" schloss: „Es ist möglich, dass ich in Einzelheiten geirrt habe; ich werde gern bereit sein, auch künftig meine Fehler einzugestehen und sie zu verbessern. Aber ich habe die Ueberzeugung, dass ich mich niemals in der Lage befinden werde, den Satz von der Einheit des menschlichen Wesens und seine Consequenzen zu verläugnen"!

Irren ist menschlich! Wer kann sagen, zu welchem diametralen Widerspruche gegen seine festesten Ueberzeugungen die Anpassung an neue Verhältnisse den Menschen später treiben kann? Man vergleiche mit jenen streng monistischen Aussprüchen von 1849 und 1858 die ebenso entschiedenen dualistischen Aeusserungen VIRCHOW's in seiner Münchener Rede von 1877, und man wird finden, dass er selbst seine früheren Grund-Principien nicht grausamer hätte Lügen strafen können, als es hier geschehen ist. Noch nicht volle zwanzig Jahre sind seitdem verflossen, und doch hat sich während dieser Zeit in VIRCHOW's Weltanschauung, in seiner Auffassung der Menschen-Natur und des Seelenlebens, eine Wandlung vollzogen, wie sie durchgreifender wohl nicht gedacht werden kann. Da erfahren wir zu unserer Ueberraschung, dass geistige und körperliche Vorgänge völlig verschiedene Erscheinungen sind, und dass gar kein „positives wissenschaftliches Bedürfniss vorliegt, das Gebiet der geistigen Vorgänge über den Kreis derjenigen Körper hinaus auszudehnen, in und an denen wir sie sich wirklich darstellen sehen". — „Man mag zuletzt die Vorgänge des menschlichen Geistes chemisch erklären, aber zunächst haben wir doch nicht die Aufgabe, diese Gebiete durcheinander zu bringen" (!).

Aus der ganzen psychologischen Erörterung, die hier in seine Münchener Rede eingeflochten ist, geht klar hervor, dass VIRCHOW gegenwärtig die „Seele" in rein dualistischem Sinne für eine Substanz hält, für ein immaterielles Wesen, welches nur zeitweilig im Körper seine Wohnung aufgeschlagen hat. Höchst characteristisch ist dafür der merkwürdige Satz: „Wenn ich Anziehung und Abstossung für geistige Erscheinungen, für psychische Phänomene erkläre, dann werfe ich einfach die Psyche zum Fenster hinaus, dann hört die Psyche auf, Psyche zu sein." Setzen wir einfach an Stelle des Wortes „Psyche", der früheren, mechanischen Anschauung VIRCHOW's entsprechend, das Wort: Bewegung (oder „besondere Art der Bewegung"), so lautet der Satz: „Wenn ich Anziehung und Abstossung für Bewegungs-Erscheinungen erkläre, dann werfe ich einfach die Bewegung zum Fenster hinaus."

Noch merkwürdiger fast ist VIRCHOW's Behauptung, dass die niedrigsten Thiere keine psychischen Eigenschaften besitzen, dass dieselben vielmehr „nur bei den höheren, und ganz sicher nur bei den höchsten Thieren" zu finden sind. Es ist nur zu bedauern, dass VIRCHOW hier nicht gesagt hat, was er unter höheren und höchsten Thieren versteht, und wo die merkwürdige Grenz-Station ist, auf welcher mit einem Male die Seele in den bisher unbeseelten Thier-Körper einfährt. Jeder Zoologe, der nur einigermassen mit den Ergebnissen der vergleichenden Morphologie und Physiologie vertraut ist, wird hier staunend die Hände zusammenschlagen. Virchow scheint mit jenem Satze sagen zu wollen, dass wir nur jenen Thieren ein Seelenleben zuschreiben dürfen, bei denen besondere Seelen-Organe, in Gestalt eines centralen und peripherischen Nervensystems, von Sinnes-Organen und Muskeln, entwickelt sind. Aber alle diese verschiedenen Seelen-Organe sind bekanntlich mit ihren characteristischen Eigenschaften erst durch **Arbeitstheilung** aus einfachen **Zellen** hervorgegangen; und insbesondere haben sich Nerven und Muskeln erst durch Differenzirung aus Neuromuskel-Zellen entwickelt. Die Zellen, von denen alle diese verschiedenen Nervenzellen, Muskelzellen, Sinneszellen u. s. w. abstammen, sind ursprünglich einfache, indifferente **Epithelzellen** des Ectoderms oder des äusseren Keimblattes; und diese Zellen sind selbst erst wieder, gleich allen Zellen des vielzelligen Thierkörpers, durch wiederholte Theilung aus einer einzigen ursprünglichen Zelle, aus der **Eizelle** entstanden.

Die individuelle Entwickelung oder die Ontogenesis jedes vielzelligen Thieres führt uns diesen histologischen Entwickelungsgang so klar und einleuchtend vor Augen, dass wir daraus unmittelbar auf die Phylogenesis oder die allmählige historische Entwickelung der Seelen-Organe zurückschliessen können. **Die Association und Arbeitstheilung der Zellen** ist der Weg, auf welchem ursprünglich aus dem einfachen einzelligen der zusammengesetzte vielzellige Organismus historisch entstanden ist. Eine unbefangene vergleichende Betrachtung lehrt uns nun aber auf das Klarste, dass Seelenthätigkeit bei den niedersten einzelligen Thieren eben so gut existirt, wie bei den höchsten vielzelligen, beim Infusorium ebenso gut wie beim Menschen. **Willen und Empfindung**, die allgemeinsten und unzweifelhaftesten Merkmale alles Seelenlebens, lassen sich bei ersteren ebenso wenig übersehen, als bei letzteren. Tritt doch sogar bei den meisten gewöhnlichen Infusions-Thierchen, namentlich bei den Ciliaten oder Wimperthierchen, die willkürliche Bewegung und die bewusste Empfindung (von Druck, Wärme, Licht u. s. w.) uns so unzweifelhaft entgegen, dass einer ihrer ausdauerndsten Beobachter,

EHRENBERG, bis zu seinem Tode unbeirrt behauptete: Alle Infusorien müssen Nerven und Muskeln, Sinnesorgane und Seelenorgane, so gut wie alle höheren Thiere, besitzen. Nun gipfeln aber bekanntlich die gewaltigen Fortschritte, die unsere Wissenschaft in der Naturgeschichte dieser niedersten Organismen neuerdings gemacht hat, in der klaren, schon von SIEBOLD vor 30 Jahren behaupteten, aber erst neuerdings „sicher bewiesenen" Erkenntniss, dass dieselben einzellig sind; und dass bei diesen Infusorien eine einzige Zelle alle die verschiedenen Lebensthätigkeiten — mit Einschluss der Seelenthätigkeiten — auszuüben vermag, welche bei den Pflanzenthieren (Hydren, Spongien) auf die Zellen der beiden Keimblätter, bei allen höheren Thieren auf die verschiedenen Gewebe, Organe und Apparate eines höchst verwickelt gebauten Organismus vertheilt sind. Die psychischen Functionen der Empfindung und Willensbewegung, die hier auf sehr verschiedene Organe und Gewebe vertheilt sind, dieselben werden dort, bei den Infusorien, durch die indifferente Plasson-Materie der Zelle, durch das Protoplasma und (vielleicht auch) den Kern derselben ausgeführt. (Vergl. meinen Aufsatz „Zur Morphologie der Infusorien". Jena. Zeitschr. 1873, Bd. VII, S. 516.) So gut wir aber diesen einzelligen „Urthierchen" eine selbstständige „Seele" zutheilen müssen, so klar wir uns hier von der „Psyche" einer einfachen selbstständigen Zelle überzeugen, so bestimmt müssen wir auch allen anderen Zellen eine Seele zuschreiben; denn die wichtigste active Substanz derselben, das Protoplasma, zeigt überall dieselben psychischen Eigenschaften der Empfindlichkeit (Reizbarkeit) und Beweglichkeit (Wille). Der Unterschied ist nur der, dass im Organismus der höheren Thiere und Pflanzen die zahlreichen, denselben zusammensetzenden Zellen ihre individuelle Selbstständigkeit zum grossen Theile aufgeben und sich als gute Staatsbürger der „Staatsseele" unterordnen, welche die Einheit des Willens und der Empfindung in der „Zellen-Association" repräsentirt. Wir müssen also hier wohl unterscheiden zwischen der Centralseele des ganzen vielzelligen Organismus oder der persönlichen Psyche („Person-Seele") und den besonderen Einzel-Seelen oder Elementar-Seelen der einzelnen ihn zusammensetzenden Zellen, den **Zellseelen**. Höchst schlagend wird dieses Verhältniss durch die lehrreiche Gruppe der **Siphonophoren** illustrirt, wie ich kürzlich in meinem Vortrage über „Zellseelen und Seelenzellen" ausgeführt habe („Deutsche Rundschau", Juli 1878). Unzweifelhaft hat der ganze Siphonophoren-Stock oder -Staat einen sehr bestimmten einheitlichen Willen, und eine einheitliche Empfindung; und dennoch besitzt auch jede der einzelnen Personen, die diesen Stock (oder Cormus) zusammensetzen, ihren besonderen persönlichen Willen und ihre besondere persönliche Empfindung. Jede dieser Personen ist ja ursprünglich eine einzelne Meduse, und erst durch Association und Arbeitstheilung ist aus dieser vereinigten Medusen-Gesellschaft der „individuelle" Siphonophoren-Stock entstanden.

Als ich diese „**Theorie der Zellseele**" entwickelte und in meiner Münchener Rede sie als das sichere „**Fundament der empirischen Psychologie**" bezeichnete, da glaubte ich ganz im Sinne Virchow's eine weitere Consequenz aus seinen eigensten mechanischen und cellular-physiologischen Anschauungen zu ziehen; wesshalb ich auch bei dieser Gelegenheit seine grossartigen Verdienste um die Zellentheorie besonders hervorhob. Wie musste ich daher erstaunen, in seiner Gegenrede gerade diese Theorie auf das heftigste angegriffen und als „**ein blosses Spiel mit Worten**" verspottet zu sehen. Ich hatte eben nicht daran gedacht, dass Virchow längst seinen wichtigsten biologischen Principien untreu geworden und seiner eigenen „mechanischen" Zellentheorie völlig entfremdet ist; ich hatte aber auch nicht daran gedacht, dass Virchow die **zoologischen Kenntnisse** grösstentheils fehlen, die zu einem wirklichen Verständniss der Zellseelen-Theorie erforderlich sind. Weder mit den einzelligen Protozoen, den Infusorien und Lobosen, noch mit den Coelenteraten, den höchst lehrreichen Spongien, Hydroiden, Medusen und

Siphonophoren, hat er sich jemals eingehend beschäftigt, und somit fehlt ihm jene vergleichend-zoologische und genetische Grundlage, auf der unsere Theorie beruht. Nur so ist es begreiflich, dass Virchow die wichtigste psychologische Consequenz der Zellen-Theorie als ein „blosses Spiel mit Worten" vorwerfen kann.

Nächst den einzelligen Infusorien spricht wohl keine Erscheinung so einleuchtend und unmittelbar für unsere Cellular-Psychologie, wie die Thatsache, dass auch das menschliche Ei, gleich dem Ei aller anderen Thiere eine einzige einfache Zelle ist. Nach unserer monistischen Auffassung von der Zellseele müssen wir annehmen, dass die befruchtete Eizelle bereits jene psychischen Eigenschaften virtuell besitzt, welche in der besonderen Mischung von mütterlicher und väterlicher Erb-Eigenthümlichkeit die individuelle Seele der Person characterisiren; im Laufe der Ei-Entwickelung entwickelt sich natürlich die Zellseele des befruchteten Eies gleichzeitig mit seinem materiellen Substrate und tritt später beim Neugeborenen actuell in die Erscheinung.

Nach Virchow's dualistischer Auffassung der „Psyche" müssen wir dagegen annehmen, dass dieses immaterielle Wesen in irgend einer Periode der embryonalen Entwickelung (— wahrscheinlich wenn sich das Markrohr aus dem äusseren Keimblatte sondert! —) in den seelenlosen Keim hineinfährt. Natürlich ist damit das nackte Wunder fertig, und die natürliche und ununterbrochene Continuität der Entwickelung ist überflüssig!

V. Genetische und dogmatische Lehrmethode.

Das gerechte Aufsehen, welches VIRCHOW's Münchener Rede in weiteren Kreisen erregt hat, beruht nur zum Theil auf seiner Opposition gegen die Descendenz-Theorie; zum andern, und wohl grösseren Theil, auf den überraschenden Folgerungen, welche er daran namentlich für die Freiheit des Unterrichts knüpft. Diese Folgerungen gleichen so sehr denen der Jesuiten, dass sie direct vom Vatican, oder was dasselbe ist, von der berüchtigten „Hofprediger-Partei" in Berlin inspirirt worden sein könnten. Kein Wunder daher, dass gerade diese, die ganze Freiheit der Wissenschaft vernichtenden Sätze den lautesten Beifall der „Germania", der „Neuen evangelischen Kirchenzeitung" und anderer Haupt-Lügenblätter der streitenden Kirche gefunden haben. Anderseits sind allerdings auch gerade diese haarsträubenden Sätze schon so vielfach besprochen und in ihrer Unhaltbarkeit klar gelegt worden, dass ich mich hier kurz fassen kann.

Die pädagogische Politik VIRCHOW's gipfelt in der Forderung, dass in der Schule — von der Volksschule bis zur Universität hinauf — **Nichts gelehrt werden dürfe, was nicht absolut sicher sei.** Nur objectives, absolut festgestelltes Wissen dürfe vom Lehrer den Lernenden überliefert werden, kein subjectives, der Verbesserung fähiges Wissen; nur Thatsachen, keine Hypothesen. „Die Forschung nach solchen Problemen, an denen sich die ganze Nation interessiren mag, darf keinem verschränkt sein; **das ist die Freiheit der Forschung.** Aber **das Problem soll nicht ohne Weiteres Gegenstand der Lehre** sein. Wenn wir lehren, so müssen wir uns an jene kleineren und doch schon so grossen Gebiete halten, die wir wirklich beherrschen."

Selten ist wohl von einem hervorragenden Vertreter der Wissenschaft, und noch dazu von einem Führer der geistigen Bewegung, ein solches Attentat auf die Lehrfreiheit ausgeführt worden, als hier von Virchow geschehen ist. Nur die Forschung darf frei sein, aber ja nicht die Lehre! Wo aber ist in der ganzen Geschichte der Wissenschaften ein einziger Förderer derselben zu finden, der sich nicht berechtigt gewusst hätte, seine subjectiven Ueberzeugungen mit gleichem Rechte zu lehren, wie er sie aus der Erforschung der objectiven Thatsachen geschöpft hatte. Und wo ist denn überhaupt eine Grenze zwischen objectivem und subjectivem Wissen zu finden? Gibt es überhaupt eine objective Wissenschaft?

Diese Frage wird von Virchow bejaht, indem er hinzufügt: „Wir dürfen nicht vergessen, dass es eine Grenze zwischen dem speculativen Gebiete der Naturwissenschaft und dem thatsächlich errungenen und vollkommen festgestellten Gebiete gibt." (S. 8.) Nach meiner Ueberzeugung gibt es eine solche Grenze nicht; vielmehr ist alles menschliche Wissen als solches subjectiv. Eine objective Wissenschaft, die bloss aus Thatsachen besteht, ohne subjective Theorien, ist überhaupt nicht denkbar. Zur Begründung dieser Ansicht müssen wir eine flüchtige Ueberschau über das Gesammtgebiet menschlicher Wissenschaft halten und die Hauptgebiete derselben darauf prüfen, wieviel einerseits objectives Wissen und „Thatsache", wieviel anderseits subjectives Wissen und „Hypothese" darin enthalten ist. Wir können da unmittelbar mit Kant's Ausspruche beginnen, dass in jeder Wissenschaft nur so viel wahres (d. h. objectives) Wissen sich findet, als Mathematik darin enthalten ist. Unzweifelhaft steht die Mathematik mit Bezug auf die Sicherheit ihrer Lehren an der Spitze aller Wissenschaften. Aber wie steht es mit den tiefsten und einfachsten „Grundsätzen", auf deren fester Basis sich das ganze stolze Lehrgebäude der Mathematik erhebt? Sind diese sicher zu beweisen? Ganz gewiss nicht! Die fundamentalsten Lehrsätze sind eben „Grundsätze", die eines „Beweises" nicht fähig sind. Um nur an einem Beispiele darzuthun, wie selbst die ersten Grundsätze der Mathematik durch die Skepsis angegriffen und durch die philosophische Speculation erschüttert werden können, erinnern wir an die neuerlichen Discussionen über die drei Dimensionen des Raumes und die Möglichkeit einer vierten Dimension: Streitigkeiten, die von einer Anzahl der angesehensten Mathematiker, Physiker und Philosophen noch heute fortgeführt werden. Soviel ist sicher, dass auch die Mathematik so wenig als irgend eine andere Wissenschaft absolut objectiv ist, vielmehr durch die Natur des Menschen subjectiv bedingt ist. Das subjective Erkenntniss-Vermögen des Menschen kann die objectiven „Thatsachen" der Aussenwelt überhaupt nur so weit erkennen, als seine Sinnes-Organe und sein Gehirn in ihrer individuellen Ausbildung gestatten.

Doch wir wollen einmal zugeben, dass die Mathematik wirklich eine absolut sichere und objective Wissenschaft ist, wie steht es denn mit den übrigen Wissenschaften? Unzweifelhaft am „sichersten" sind unter diesen diejenigen „exacten Wissenschaften," deren Lehrsätze unmittelbar mathematisch zu begründen sind, also zunächst ein grosser Theil der Physik. Wir sagen: ein grosser Theil; denn ein anderer grosser Theil — bei genauer Prüfung der weitaus grössere — ist einer exacten mathematischen Begründung unfähig. Oder was wissen wir denn Sicheres über das Wesen der Materie und das Wesen der Kraft? Was wissen wir Sicheres von der Gravitation, von der Massen-Anziehung, von der Wirkung in die Ferne u. s. w.? Als wichtigste und sicherste Theorie der Physik gilt uns NEWTON's Gravitations-Theorie, die Grundlage der Mechanik, und doch ist die „Schwerkraft" selbst eine Hypothese! Nun vollends die anderen Zweige der Physik, z. B. Electricität und Magnetismus. Das ganze Verständniss dieser wichtigen Lehren beruht auf der Hypothese von „electrischen Flüssigkeiten" oder von imponderablen Stoffen, deren Existenz nichts weniger als erwiesen ist. Oder die

Optik! Gewiss gehört gerade die Optik zu den wichtigsten und vollendetsten Theilen der Physik und doch beruht die Vibrations-Theorie des Lichts, welche wir heute für ihre unentbehrliche Basis halten, auf einer unbegründbaren Hypothese, auf der „subjectiven" Annahme des Lichtäthers, dessen Existenz kein Mensch irgendwie objectiv zu beweisen im Stande ist. Ja, noch mehr, ehe Young die Vibrations-Theorie des Lichts aufstellte, herrschte Jahrhunderte lang in der Physik ausschliesslich die von Newton gelehrte Emanations-Theorie des Lichts; eine Theorie, die heute allgemein als unhaltbar verlassen ist. Nach unserer Ansicht erwarb sich der gewaltige Newton um die Entwickelung der Optik das grösste Verdienst, indem er den ersten Versuch machte, die Unmasse der objectiven optischen Thatsachen durch eine subjective leitende Hypothese zu verbinden und zu erklären. Nach Virchow's Ansicht hingegen versündigte sich Newton durch die Lehre dieser falschen Hypothese auf das Schwerste; denn auch in der „exacten" Physik dürfen nur einzelne sichere Thatsachen gelehrt und durch den „Versuch als das höchste Beweismittel" festgestellt werden; die Physik als Ganzes, auf lauter unbewiesenen Hypothesen beruhend, darf zwar Gegenstand der Forschung, aber nicht der Lehre sein!

Ganz dasselbe gilt natürlich von der Chemie; ja diese steht auf noch viel schwächeren Füssen, und ist noch viel weniger sicher begründet als die Physik! Der ganze theoretische Theil der Chemie ist ein so luftiges Hypothesen-Gebäude, wie es kaum in einer andern Wissenschaft existirt. In den letzten drei Decennien haben hier rasch hinter einander eine Reihe der verschiedensten Theorien sich abgelöst, die Radical-Theorie, Substitutions-Theorie, Valenz-Theorie u. s. w. Keine dieser Theorien ist sicher zu beweisen und dennoch wird von jedem Lehrer der Chemie wenigstens eine derselben gelehrt. Was aber das Schlimmste ist, die gemeinsame Grundlage aller der verschiedenen chemischen Theorien, die Atom-Theorie, ist eine so unbewiesene und unbeweisbare Hypothese, wie es nur irgend eine geben kann. Kein Chemiker hat ein Atom jemals gesehen, und dennoch hält er für das höchste Ziel seiner Wissenschaft die „Mechanik der Atome", dennoch beschreibt und construirt er die Lagerung und Zusammensetzung der Atome in den verschiedenen Verbindungen, als ob er sie auf dem Secirtische vor sich hätte. Alle Vorstellungen, die wir vom chemischen Bau und den Verwandtschaften der Stoffe besitzen, sind subjective Hypothesen, Vorstellungen von Lagerung und Umlagerung der verschiedenen Atome, deren Existenz nicht einmal zu beweisen ist. **Also fort mit der Chemie aus der Schule!** Der Chemiker darf bloss die Eigenschaften der Stoffe und ihrer Verbindungen beschreiben, die unmittelbar als **sichere Thatsachen** dem Lernenden vorzuführen und durch den „Versuch als das höchste Beweismittel" zu begründen sind. Alles was darüber ist, ist vom Uebel, namentlich auch jeder Gedanke über das Wesen und die chemische Constitution der Körper; Fragen, über die man sich, — der Natur der Sache nach — nur unsichere Hypothesen machen kann. Da nun die ganze Chemie als Lehrgebäude nur auf solchen Hypothesen beruht, darf sie zwar Gegenstand der Forschung, aber nicht der Lehre sein!

Nachdem wir uns so überzeugt haben, dass sowohl Chemie als Physik, diese „exacten" Wissenschaften, diese „mechanischen" Fundamente aller anderen Wissenschaften, auf lauter unbewiesenen Hypothesen beruhen, und also nicht gelehrt werden dürfen, können wir uns mit den übrigen Disciplinen kurz fassen. Denn diese sind sämmtlich mehr oder minder **historische** Wissenschaften, und entbehren daher ganz oder theilweise selbst jener **halbexacten** Grundlage, auf der Physik und Chemie beruhen. Da ist zunächst eine eminent historische Naturwissenschaft, die **Geologie**, die wichtige Lehre vom Bau und der Zusammensetzung, von der Entstehung und Entwickelung unseres Erdballs. Nach VIRCHOW hat sich dieselbe auf die Beschreibung der sicheren Thatsachen zu beschränken, als da sind: Structur der Gebirgsmassen, Form der darin eingeschlossenen Versteinerungen, Bildung der Krystalle u. s. w. Dagegen darf bei Leibe nichts von der **Entwickelung der Erde** gelehrt werden; denn diese beruht von Anfang bis zu Ende auf unbewiesenen Hypothesen. Da streiten sich ja noch heute die plutonistische und neptunistische Theorie, und noch heute wissen wir von manchen der wichtigsten Gesteine nicht, ob sie durch die Einwirkung des Wassers oder des Feuers entstanden sind. Die neuen merkwürdigen Entdeckungen der grossartigen Challenger-Expedition drohen hier wieder einen grossen Theil geologischer Vorstellungen umzustossen, die längst als gesichert galten. Vollends die Versteinerungen! Wer beweist uns denn sicher, dass diese Petrefacten wirklich die fossilen Ueberreste von untergegangenen Organismen sind? Sie können ja auch, wie viele angesehene Naturforscher noch im vorigen Jahrhundert annahmen, wunderbare „Naturspiele" sein, räthselhafte „Lusus naturae"; oder rohe anorganische Modelle des gestaltenden Schöpfers, denen er später seinen „lebendigen Odem einhauchte"; oder auch „Steinfleisch" (Caro fossilis), entstanden aus der Befruchtung des todten Gesteins durch die „Samenluft" (Aura seminalis) u. s. w.

Doch ich irre mich! VIRCHOW ist gerade in Bezug auf Petrefacten äusserst speculativ und nimmt ohne Bedenken die gewagte Hypothese an, dass die Versteinerungen wirklich Ueberreste von ausgestorbenen Organismen sind, obgleich gar kein „sicherer Beweis" dafür zu liefern ist, und obgleich der „Versuch als das höchste Beweismittel" noch kein einziges Petrefact zu Stande gebracht hat. Es sind nach ihm wirklich „objective materielle Beweisstücke"! Nur darf man auch hier nicht weiter gehen, als die sichere Erfahrung lehrt und auf diese objectiven Thatsachen keine subjectiven Schlüsse gründen! Da finden wir z. B. in der ganzen langen Reihe der mesozoischen Formationen, in den verschiedenen Schichten der Trias, Jura und Kreide, deren Ablagerung einen Zeitraum von mehreren Millionen Jahren umfasste, von fossilen Säugethieren weiter gar keine Reste als nur Unterkiefer; wo wir auch suchen, überall nur Unterkiefer und keinen einzigen anderen Knochen. Die einfachen Gründe dieser auffallenden „Unvollständigkeit der paläontologischen Schöpfungs-Urkunde" sind von LYELL, HUXLEY u. A. einleuchtend entwickelt worden. (Vergl. meine Natürl. Schöpf. VI. Aufl. S. 357). Diese grossen Forscher haben, übereinstimmend mit allen anderen Paläontologen, jene mesozoischen Unterkiefer ohne Weiteres für Reste von Säugethieren erklärt, und zwar von Beutelthieren; aus dem einfachen Grunde, weil der Unterkiefer nur bei den heute noch lebenden Beutelthieren eine ähnliche characteristische Form wie bei jenen Versteinerungen zeigt. Sie nehmen dabei unbedenklich an, dass auch die übrigen Knochen im Körper jener ausgestorbenen Thiere sich wie bei den Säugethieren verhielten. Das ist aber eine ganz unerlaubte Hypothese ohne jeden „sicheren Beweis"! Wo sind denn jene anderen Knochen? Man zeige sie uns doch! Eher glauben wir nicht daran! Nach VIRCHOW müssen wir vielmehr annehmen, dass der Unterkiefer der einzige Knochen im Leibe jener wunderbaren Thiere war. Gibt es ja doch auch Schnecken, bei denen ein Oberkiefer der einzige Skelettheil ist!

Bei dieser Gelegenheit können wir nicht umhin, einen Seitenblick auf die höchst gewagte Stellung zu werfen, welche VIRCHOW ganz in Widerspruch zu seiner gerühmten kühlen Skepsis, in seinem heutigen Lieblingsfach, in der sogenannten Anthropologie einnimmt. Er erzählt in seiner Münchener Rede, dass er „gegenwärtig gerade Anthropologie mit Vorliebe treibe" und berichtet dann, dass „der quaternäre Mensch eine allgemein acceptirte Thatsache sei". Wir wollen hier ganz davon absehen, dass VIRCHOW zu einem tieferen, wirklich wissenschaftlichen Studium der Anthropologie einfach desshalb nicht gelangen kann, weil ihm die umfangreichen, dazu unentbehrlichen Kenntnisse in der vergleichenden Morphologie fehlen; vergleichende Anatomie und Ontogenie sind ja nach ihm unerlaubte Speculationen, und die darauf gegründete Phylogenie des Menschen, der Schlüssel zu den wichtigsten Fragen der Anthropologie, ist „ohne alle sicheren Beweise". Um so mehr müssen wir über den speculativen Leichtsinn staunen, mit welchem der skeptische VIRCHOW selbst in der sogenannten „Urgeschichte des Menschen" und in der „fossilen Anthropologie" sich auf die gewagtesten

Vermuthungen einlässt und unsichere subjective Hypothesen für sichere objective Thatsachen ausgibt. Es gibt nämlich heutzutage kein Gebiet der Wissenschaft, auf welchem die wildeste und haltloseste Hypothese so sehr blüht, als die sogenannte „Anthropologie" und „Ethnologie". Alle phylogenetischen Hypothesen, die ich selbst in meiner Anthropogenie über die thierische Ahnenreihe des Menschen und in meiner natürlichen Schöpfungsgeschichte über die Stammverwandtschaft der Thiere aufgestellt habe, alle die anderen genealogischen Hypothesen, die heute von zahlreichen Zoologen und Botanikern über die phylogenetische Entwickelung der Thier- und Pflanzen-Welt aufgestellt werden — alle diese Hypothesen zusammengenommen, die VIRCHOW in Bausch und Bogen verwirft, sind, als Hypothesen kritisch betrachtet, weit besser thatsächlich begründet, weit mehr durch „sichere" Erfahrungen gestützt, als die Mehrzahl jener zahllosen, ganz luftigen und phantastischen Hypothesen, mit denen seit zwölf Jahren das „Archiv für Anthropologie", und die von VIRCHOW und BASTIAN herausgegebene „Zeitschrift für Ethnologie" ihre Spalten füllen. Diese letztere Zeitschrift hat wenigstens den Vorzug, eine ziemlich consequente Gegnerin der Entwickelungslehre zu sein, während in der ersteren seit zwölf Jahren transformistische und creatistische Aufsätze im heitersten Gemenge durcheinander wirbeln. Und wie luftig sind die kurzsichtigen Hypothesen, welche da aus einem bunten Haufen chaotisch zusammengewürfelter „Thatsachen" aufblühen! Man denke nur an die Streitigkeiten über Steinzeit, Bronzezeit und Eisenzeit! Man denke an die bunten Discussionen über die verschiedenen Schädelformen und ihre Bedeutung, über die Menschen-Rassen, Völker-Wanderungen u. dergl. Die meisten dieser höchst verwickelten historischen Probleme sind viel mehr im Dunkel begraben und die erklärenden Hypothesen darüber entbehren viel mehr der thatsächlichen Grundlagen, als es bei unseren phylogenetischen Hypothesen der Fall ist; denn diese werden durch die Thatsachen der vergleichenden Anatomie und Ontogenie doch mehr oder minder „objectiv" begründet.

Keine von jenen historischen Hypothesen ist aber so gewagt, so wenig „sicher begründet", als die Gruppe von sehr verschiedenen und widerspruchsvollen Hypothesen, die über das Alter und das erste Auftreten des Menschen-Geschlechts aufgestellt worden sind. Und da behauptet Virchow: „Der quaternäre Mensch ist eine allgemein acceptirte Thatsache! Der tertiäre Mensch dagegen ist ein Problem, freilich ein Problem, welches schon in materieller Discussion ist!" Als ob nicht die Unterscheidung des tertiären und quaternären (soll heissen: quartären) Zeitalters selbst eine geologische Hypothese wäre, und als ob nicht die Deutung der fossilen Thierreste, die dabei die grösste Rolle spielen, auf lauter Hypothesen beruhte, der „sicheren Beweise" gänzlich entbehrte? Und wo ist denn das Experiment, „der Versuch als das höchste Beweismittel", der jene „sicheren Thatsachen" wirklich beweist? Ueberhaupt ist diese ganze Erörterung über den prähistorischen Menschen, die Virchow auf S. 30 und 31 seiner Münchener Rede einflicht, der deutlichste Beweis von der Kritiklosigkeit, mit der er diese historischen Probleme als „exacte Naturwissenschaft" behandelt. Er versichert uns: „Irgend ein fossiler Affenschädel oder Affenmenschenschädel, der wirklich einem menschlichen Besitzer angehört haben könnte (!!), ist noch nie gefunden worden!" und daran schliesst sich dann mit gesperrter Schrift der Satz: „Wir können nicht lehren, wir können es nicht als eine Errungenschaft der Wissenschaft bezeichnen, dass der Mensch vom Affen oder von irgend einem anderen Thiere abstamme!" Dann bleibt freilich nichts übrig, als Abstammung von einem Gotte oder von einem Erdenklose!

Doch gehen wir weiter zu dem Reste der übrigen Wissenschaften, um zu sehen, was nach Virchow davon gelehrt werden darf, ohne die Sicherheit der Wissenschaft zu gefährden. In der ganzen Biologie, sowohl in der Zoologie (mit Einschluss der Anthropologie), als in der Botanik wird sich der Unterricht auf Mittheilung des geringen Bruchtheils beschränken müssen, der entweder blosse Beschreibung trockener Thatsachen enthält, oder

der zu ihrer Erklärung mathematische Formeln gestattet. Die Morphologie wird also bloss als descriptive Anatomie und Systematik, die Entwickelungsgeschichte nur als beschreibende Ontogenie zu lehren sein. Die vergleichende Anatomie und Phylogenie, die jene todten Thatsachen-Massen durch erklärende Hypothesen erst zur eigentlichen Wissenschaft machen, die dürfen nicht gelehrt werden. Wie verhält es sich dann aber mit der Zellen-Theorie, jener fundamentalen Theorie, auf der unsere ganze elementare Morphologie und Physiologie beruht, und durch deren Anwendung Virchow selbst seine grössten Erfolge erzielte?

Seitdem Schleiden in Jena vor 40 Jahren die Zellen-Theorie aufstellte und Schwann unmittelbar darauf sie auch für das Thierreich und somit für die ganze organische Welt geltend machte, seitdem hat diese fundamentale Lehre die bedeutendsten Veränderungen erfahren. Denn sie ist eben eine biologische Theorie, aber keine Thatsache. Wir erinnern daran, wie verschieden sich der Grundgedanke derselben im Laufe dieser vier Decennien gestaltet hat, welche Wandelungen der Begriff der Zelle selbst erlitten hat. Nachdem man ursprünglich die organischen Zellen als Bläschen aufgefasst hatte, aus einer festen Kapsel und einem flüssigen Inhalt bestehend, erkannte man später letzteren als eine festflüssige, halbweiche „Zellsubstanz", als Protoplasma, und überzeugte sich, dass dieses Protoplasma und der davon umschlossene Zellkern oder Nucleus die wichtigsten und unentbehrlichsten Bestandtheile der Zelle seien, wohingegen die äussere feste Kapsel, die Zellmembran, unwesentlich ist und sehr häufig ganz fehlt. Aber selbst jetzt noch gehen die Ansichten darüber weit auseinander, wie eigentlich der Zellbegriff zu definiren und welche Consequenzen aus der Zelltheorie zu ziehen seien. Auch fehlt es nicht an Versuchen, dieselbe überhaupt umzustossen und als werthlos hinzustellen. Namentlich hat solche Attentate der Göttinger Anatom Henle wiederholt versucht, derselbe „geistreiche" Anatom, der in der Vorrede zu seinem grossen Lehrbuche der menschlichen Anatomie die wissenschaftlichen Begriffe für werthloses Papiergeld erklärte, und dagegen das edle Metallgeld der Thatsachen als einzig echte Waare pries! Vor Kurzem ist sogar ein dickleibiges Buch in Quart von einem Herrn NATHUSIUS-KÖNIGSBORN erschienen, worin die Zelle überhaupt für ein untergeordnetes Form-Element erklärt und die Zellentheorie als überflüssig eliminirt wird; und dieses Monstrum, voll des erheiterndsten Unsinns, ist Herrn HENLE gewidmet. Früher gehörte VIRCHOW zu den siegreichen Gegnern des Göttinger Geheimen Rathes und schrieb glänzende Artikel gegen die „rationelle Pathologie" des „irrationellen Herrn HENLE"; heute wird er wahrscheinlich mit ihm darin übereinstimmen, dass das Papiergeld der Begriffe Nichts werth ist gegenüber dem edlen Metall der Thatsachen. Natürlich verliert dann aber auch die Zellen-Theorie selbst allen Werth und darf nicht Gegenstand des Unterrichts sein; denn auch die Zelle selbst ist ja keine sichere, unzweifelhafte Thatsache, sondern eine Abstraction, ein philosophischer Begriff!

Welche vollständige Wandlung der wichtigsten Principien, welche totale Metaspychose auf diesem Gebiete VIRCHOW erlitten hat, das zeigt Nichts deutlicher, als sein berühmter, schon 1855 aufgestellter Satz: „Omnis cellula e cellula"! Unzweifelhaft ist das die kühnste Generalisation, zu der sich der freie, jugendliche VIRCHOW jemals erhoben hat, und auf die er sich mit Recht nicht wenig zu Gute that. Wiederholt vergleicht er selbst diesen Satz mit HARVEY's epochemachendem „Omne vivum ex ovo"! Aber so wenig das letztere, so wenig ist auch das erstere in seiner Allgemeinheit richtig. Vielmehr wissen wir jetzt, dass nicht jede Zelle nothwendig aus einer Zelle entsteht, so wenig als jedes organische Individuum aus einem Ei entsteht. In vielen Fällen entstehen echte kernhaltige Zellen aus kernlosen Cytoden, wie bei den Gregarinen, Myxomyceten u. s. w. Die ältesten organischen Zellen können sogar einzig und allein aus nichtzelligen Plastiden, aus Moneren entstanden sein, indem das homogene Plasson der letzteren sich in inneren Nucleus und äusseres Protoplasma sonderte. Wenn wir auch die meisten Ausnahmen erst später kennen gelernt haben, so musste doch damals jene Generalisation

Virchow's um so gewagter erscheinen, als wir zu jener Zeit weit entfernt davon waren, alle verschiedenen Gewebe der höheren Thiere mit Sicherheit auf die Zelle zurückführen zu können, und als für die sogenannte „freie Zellbildung" nicht wenige Erfahrungen zu sprechen schienen. Jenen leitenden Satz, der die Zellentheorie mächtig förderte, muss Virchow von seinem heutigen Standpunkte aus als ein schweres Vergehen gegen die exacte Wissenschaft verdammen, und dass er diese „unbewiesene Hypothese", die sich nachher in ihrer Allgemeinheit als falsch herausstellte, als wichtigen Lehrsatz verbreitete, das darf er sich selbst nicht verzeihen!

Viel schlimmere Verstösse gegen seine eigenen heutigen Principien werden wir freilich dann noch finden, wenn wir uns in Virchow's Special-Fach begeben, in das Gebiet der pathologischen Anatomie und Physiologie, den wichtigsten Theil der theoretischen Medicin. Die grossartigen und unvergleichlichen Verdienste, welche sich Virchow hier erwarb, beruhen nicht auf den zahlreichen einzelnen neuen Thatsachen, die er fand, sondern auf den bahnbrechenden Theorien, auf den geistreichen Hypothesen, durch welche er den todten Wust des pathologischen Wissens zu einer lebendigen Wissenschaft zu gestalten versuchte. Diese neuen Theorien und die ihnen zu Grunde liegenden Hypothesen überlieferte Virchow damals uns Schülern mit einer so bestechenden Sicherheit, dass Jeder von uns fest von ihrer Wahrheit überzeugt war; und doch hat die spätere Erfahrung herausgestellt, dass dieselben theilweise ungenügend begründet, theilweise ganz falsch waren. Ich erinnere hier beispielsweise nur an seine berühmte Bindegewebs-Theorie, für die ich selbst in mehreren meiner ersten Arbeiten (1856, 1858) eine Lanze gebrochen habe. Diese Theorie schien eine Menge der wichtigsten physiologischen und pathologischen Erscheinungen in der einfachsten Weise zu erklären, und doch hat sie sich später als falsch herausgestellt. Trotzdem behaupte ich noch heute, dass dieselbe für die Entwickelung unserer Kenntnisse der Bindegewebs-Formationen als leitende Hypothese, als heuristische Richtschnur der Forschung die grössten Dienste geleistet hat. VIRCHOW hingegen, wenn er unbefangen die Verbreitung bedenkt, die er dieser „Irrlehre" gegeben hat, muss sich schwere Vorwürfe darüber machen. Denn: „Wir müssen strenge unterscheiden zwischen dem, was wir lehren wollen, und dem, wonach wir forschen wollen. Das wonach wir forschen, das sind Probleme. Aber das Problem soll nicht ohne Weiteres Gegenstand der Lehre sein." Dass VIRCHOW diesen obersten Grundsatz seiner heutigen Lehr-Anschauungen in seinem eigenen Unterricht tagtäglich verläugnet hat, dass er in jeder Stunde seinen Schülern „unbewiesene Theorien und problematische Hypothesen" gelehrt hat, dass weiss Jeder, der gleich mir jahrelang und mit grösstem Interesse seinen ausgezeichneten Unterricht genossen hat. Beruhte doch der fesselnde Reiz dieses Unterrichts — trotz der mangelhaften Methode des unvorbereiteten Vortrags — gerade darauf, dass VIRCHOW als Lehrer uns seine Schüler beständig an den Problemen Theil nehmen liess, mit denen er selbst sich augenblicklich beschäftigte, dass er uns seine individuellen Hypothesen zur Erklärung der Thatsachen überlieferte. Und welcher geistreiche und in seiner Wissenschaft lebende Lehrer würde das nicht thun? Wo gibt es und wo hat es jemals einen grossen Lehrer gegeben, der sich in seinem Unterrichte auf die trockene Mittheilung der sicheren, unzweifelhaft festgestellten Thatsachen beschränkt hätte? Der nicht vielmehr den Reiz und Werth seines Unterrichts gerade in der Lehre der Probleme gefunden hätte, die sich an jene Thatsachen knüpfen; in der Lehre der unsicheren Theorien und wechselnden Hypothesen, die zur Erklärung jener Probleme dienen? Und gibt es für den jugendlich strebenden Geist etwas Bildenderes und Besseres, als die Uebung des Denkens an den Problemen der Forschung?

Wie widersinnig und unausführbar daher VIRCHOW's Forderung ist, nur sichere Thatsachen und keine problematischen Theorien zum Unterricht zuzulassen, das ergibt noch viel schlagender ein Blick auf die übrigen Gebiete menschlichen Wissens. Was bleibt von der Geschichte, von der Sprachwissenschaft, von der Staatswissenschaft, von der Rechtswissenschaft übrig, wenn wir uns im Unterricht auf die Lehre von absolut sicher festgestellten Thatsachen beschränken sollen? Was bleibt von „Wissenschaft" darin übrig, wenn der Gedanke, der die Ursachen der Thatsachen zu erkennen strebt, daraus verbannt ist? wenn die Probleme, die Theorien, die Hypothesen, welche jene Ursachen suchen, überhaupt nicht gelehrt werden dürfen? Dass die Philosophie, die Wissenschaft vom Wissen, die Wissenschaft, in der alle allgemeinen Resultate menschlicher Erkenntniss zu einem einheitlichen grossen Ganzen verbunden werden sollen, dass die Philosophie demnach überhaupt nicht gelehrt werden darf, .dass versteht sich nach Virchow von selbst!

Bleibt schliesslich nichts Anderes übrig, als die Theologie! Die Theologie allein ist die einzige „wahre Wissenschaft" und ihre Dogmen allein dürfen als sicher gelehrt werden! Natürlich! Denn sie schöpft unmittelbar aus der Offenbarung, und nur die göttliche Offenbarung ist „ganz sicher", nur sie kann nie irren! Ja, so unglaublich es klingt, Virchow, der skeptische Bekämpfer der Dogmen, der Vorkämpfer der „Freiheit der Wissenschaft", Virchow findet jetzt die einzig sicheren Grundlagen des Unterrichts im Dogma der Kirchen-Religion! Keinen Zweifel darüber lässt nach allem Vorhergegangenen der folgende denkwürdige Satz (S. 29): „Jeder Versuch, unsere Probleme zu Lehrsätzen umzubilden, unsere Vermuthungen als die Grundlagen des Unterrichts einzuführen, der Versuch insbesondere, die Kirche einfach zu depossediren und ihr Dogma ohne Weiteres durch eine Descendenz-Religion zu ersetzen, ja meine Herren, dieser Versuch muss scheitern, und er wird in seinem Scheitern zugleich die höchsten Gefahren für die Stellung der Wissenschaft überhaupt mit sich bringen!"

Der Jubelruf der ganzen clericalen Presse über Virchow's Münchener Rede wird hiernach jedem begreiflich sein! Ueber einen bekehrten reuigen Sünder herrscht bekanntlich im Himmel zehnmal mehr Freude als über zehn Gerechte. Wenn Rudolf Virchow, der „berüchtigte Materialist" der „radicale Fortschrittsmann", der Hauptvertreter des „Atheismus der Wissenschaft", plötzlich sich so vollständig bekehrt, wenn er laut und offen die „Dogmen der Kirche" als die einzig sicheren „Grundlagen des Unterrichts" proclamirt, dann darf die streitende Kirche wohl „Hosianna in der Höhe" singen! Zu bedauern bleibt nur das Eine, dass Virchow sich nicht näher darüber ausgesprochen hat, welche von den vielen verschiedenen Kirchen-Religionen die einzig wahre ist, und welche von den zahllosen verschiedenen und sich widersprechenden Dogmen die sicheren Grundlagen des Unterrichts werden sollen! Bekanntlich hält jede Kirche sich für die allein seligmachende und ihr besonderes Dogma für das allein wahre. Ob nun Protestantismus oder Katholicismus, ob reformirte oder lutherische Confession, ob anglicanisches oder presbyterianisches Dogma, ob römische oder griechische Kirche, ob mosaische oder islamitische Lehre, ob Buddhaismus oder Bramaismus, oder ob endlich eine der vielen Fetisch-Religionen der Indianer oder Neger die bleibende und sichere „Grundlage des Unterrichts" werden soll, darüber wird uns hoffentlich Virchow in der nächsten Versammlung der deutschen Naturforscher und Aerzte seine Ansicht nicht vorenthalten.

Jedenfalls wird der „Unterricht der Zukunft nach Virchow" dadurch sehr vereinfacht werden. Denn das Dreieinigkeits-Dogma als Grundlage der Mathematik, das Dogma von der Auferstehung des Fleisches als Grundlage der Medicin, das Dogma von der Unfehlbarkeit als Grundlage der Psychologie, das Dogma von der unbefleckten Empfängniss als Grundlage der Zeugungslehre, das Dogma vom Stillstand der Sonne als Grundlage der Astronomie, das Dogma von der Schöpfung der Erde, der Thiere und Pflanzen als Grundlage der Geologie und Phylogenie, diese oder beliebige andere Dogmen aus anderen Kirchen machen alle weiteren Lehren ziemlich überflüssig! Virchow, diese „kritische Natur", weiss natürlich so gut wie ich und wie jeder andere Naturforscher, dass diese Dogmen nicht wahr sind, und dennoch sollen sie nach seiner Ansicht als „Grundlagen des Unterrichts" nicht durch die Theorien und Hypothesen der neuen Naturwissenschaft ersetzt werden, von denen VIRCHOW selbst sagt, dass sie wahr sein k ö n n e n, wahrscheinlich grossentheils wahr sind, aber noch nicht „ganz sicher bewiesen sind"!

Auf S. 15, 24, 26, 28 u. s. w. in seiner Münchener Rede dringt VIRCHOW darauf, dass nur das objective Wissen gelehrt werden darf, das wir in den absolut sicheren Thatsachen besitzen! Und auf S. 29 verlangt er dann zum Schluss, dass die Grundlagen des Unterrichts die rein subjectiven Dogmen der Kirche bleiben sollen, Offenbarungen und Lehrsätze, die nicht nur nicht durch irgend welche Thatsachen bewiesen sind, sondern im Gegentheil mit den handgreiflichsten Thatsachen der naturwissenschaftlichen Erfahrung im schneidendsten Widerspruche stehen und der menschlichen Vernunft einfach in's Gesicht schlagen! Freilich sind diese Widersprüche nicht grösser als andere, die sich in VIRCHOW's Rede schroff und unbegreiflich gegenüber stehen. So verherrlicht er im Eingang seiner Rede LORENZ OKEN und beklagt es tief, „dass auch er, dieser geschätzte, dieser gefeierte Lehrer, diese Zierde der Hochschule Münchens, im Exil sterben musste! Das bittere Exil, welches OKEN's letzte Jahre bedrückte, welches ihn fern von denjenigen Stätten, an denen er die besten Kräfte seines Lebens geopfert hatte, hinsiechen liess, dieses Exil wird die Signatur der Zeit bleiben, welche wir überwunden haben. Und so lange es eine deutsche Naturforscher-Versammlung gibt, so lange sollen wir uns dankbar erinnern, dass dieser Mann bis zu seinem Tode alle Zeichen des Märtyrers an sich getragen hat, so lange sollen wir auf ihn weisen, als auf einen jener Blutzeugen, welche die Freiheit der Wissenschaft für uns erkämpft haben"! Wahrlich diese wahren Worte klingen heute in VIRCHOW's Mund fast wie bittere Ironie! Denn war nicht gerade LORENZ OKEN einer der ersten und der eifrigsten Vorkämpfer derselben monistischen Entwickelungslehre, die heute RUDOLF VIRCHOW auf das heftigste bekämpft? Ist nicht gerade OKEN im Aufbau kühner Hypothesen und umfassender Theorien viel weiter gegangen, als irgend ein Anhänger der Entwickelungslehre in der Gegenwart? Gilt nicht gerade OKEN mit Recht als der typische Vertreter jener älteren Naturphilosophie, die im kühnen Phantasie-Fluge sich viel höher erhob und weit mehr vom sicheren Boden der Thatsachen entfernte, als irgend ein Jünger der neueren Naturphilosophie? Noch grösser freilich scheint uns die Ironie, mit der VIRCHOW am Eingange seiner Rede den freien Lehrer OKEN als Märtyrer der freien Wissenschaft feiert und am Ende derselben verlangt, dass diese „Freiheit der Wissenschaft" nur der Forschung, aber nicht der Lehre gilt, und dass der Lehrer keine Probleme, keine Theorien, keine Hypothesen lehren darf!

Wenn diese unerhörte Forderung schon VIRCHOW's Pädagogik im wunderlichsten Lichte zeigt und wenn jeder unbefangene und erfahrene Pädagoge schon gegen diese Zwangsjacke des Unterrichts auf das Entschiedenste protestiren muss, so wird er nicht minder der anderen sonderbaren Forderung desselben entgegentreten müssen, dass jede sicher erkannte Wahrheit sofort in der Schule bis zur Elementarschule herab gelehrt werden soll. Ich selbst hatte in meiner Münchener Rede den pädagogischen Werth unserer monistischen Entwickelungslehre vor Allem in der genetischen Methode gesucht, in der Frage nach den bewirkenden Ursachen der zu lehrenden Thatsachen, und hatte darauf hinzugefügt: „Wie weit die Grundzüge der allgemeinen Entwickelungslehre schon jetzt in die Schulen einzuführen sind, in welcher Reihenfolge ihre wichtigsten Zweige: Kosmogenie, Geologie, Phylogenie der Thiere und Pflanzen, Anthropogenie in den verschiedenen Klassen zu lehren sind, das zu bestimmen, müssen wir den praktischen Pädagogen überlassen. Wir glauben aber, dass eine weitgreifende Reform des Unterrichts in dieser Richtung unausbleiblich ist und vom schönsten Erfolge gekrönt sein wird." Auf eine nähere Erörterung dieser pädagogischen Frage verzichtete ich absichtlich, da ich mich den Schwierigkeiten ihrer Lösung nicht entfernt gewachsen fühle und in der That glaube, dass nur gewiegte und erfahrene Pädagogen ihre Lösung mit Erfolg unternehmen können.

Für Virchow scheinen diese pädagogischen Schwierigkeiten nicht zu bestehen; er erklärt meinen obigen Verzicht für eine blosse „Verschiebung der Aufgaben", und antwortet darauf mit folgenden überraschenden Sätzen: „Wenn die Descendenz-Theorie so sicher ist, wie Herr Haeckel annimmt, dann müssen wir verlangen, dann ist es eine nothwendige Forderung, dass sie auch in die Schule muss. Wie wäre das denkbar, dass eine Lehre von solcher Wichtigkeit, die so vollkommen revolutionirend eingreift in jedes Bewusstsein, die unmittelbar eine Art von neuer Religion schafft, nicht ganz in den Schul-Plan eingefügt würde! Wie wäre es möglich, eine solche — Enthüllung, kann ich ja sagen, in der Schule gewissermassen todtzuschweigen, oder die Ueberlieferung der grössten und wichtigsten Fortschritte, die unsere Anschauungen im ganzen Jahrhundert gemacht haben, in das Ermessen des Pädagogen zu stellen! Ja, meine Herren, das wäre in der That eine Resignation der schwersten Art, und in Wirklichkeit würde sie auch gar nicht geübt werden! Jeder Schulmeister, der diese Lehre in sich aufnähme, würde sie auch unwillkürlich lehren; wie sollte er das Anders machen"!

Es sei mir gestattet, hier Virchow scharf beim Worte zu nehmen. Ich unterschreibe wörtlich fast Alles, was er in diesen und in den darauf folgenden Sätzen sagt. Der einzige Unterschied in unseren Ansichten ist nur der, dass Virchow die Descendenz-Theorie für eine unbewiesene und unbeweisbare Hypothese hält, ich hingegen für eine völlig bewiesene und unentbehrliche Theorie. Wie aber nun, wenn die Lehrer, von denen Virchow spricht, sich meiner Ansicht anschliessen, wenn sie — abgesehen natürlich von allen einzelnen Descendenz-Hypothesen — die allgemeine Descendenz-Theorie, gleich mir, für die unentbehrliche Basis des biologischen Unterrichts erklären? Und dass das wirklich der Fall ist, davon müsste sich Virchow leicht überzeugen können, wenn er sich die neuere zoologische und botanische Literatur ansähe! Unsere ganze morphologische Literatur insbesondere ist bereits so tief und vollständig von der

Descendenz-Lehre durchdrungen, die phylogenetischen Grund-Gedanken gelten bereits allgemein als so sichere und unentbehrliche Forschungs-Instrumente, dass kein Mensch sie wieder daraus vertreiben wird. Wie Oscar Schmidt mit Recht sagt, sind „etwa neunundneunzig Procent der jetzt lebenden, sagen wir lieber arbeitenden Zoologen, auf inductivem Wege von der Wahrheit der Abstammungslehre überzeugt worden." Virchow wird also mit seiner pädagogischen Forderung nur das Gegentheil von dem erreichen, was er beabsichtigt hat. Wie oft ist es nicht schon gesagt worden: die Wissenschaft hat entweder volle Freiheit oder sie hat gar keine. Das gilt aber ganz ebenso von der Lehre, wie von der Forschung, denn beide sind innig und untrennbar verbunden. Und desshalb heisst es nicht umsonst in §. 152 der Deutschen Reichs-Verfassung und in §. 20 der Preussischen Verfassungs-Urkunde: „Die Wissenschaft und ihre Lehre ist frei"!

VI. Descendenz-Theorie und Social-Demokratie.

Jede grosse und umfassende Theorie, welche die Grundlagen menschlicher Wissenschaft berührt und somit die philosophischen Systeme beeinflusst, wird zwar zunächst nur die Theorie der Weltanschauung fördern, aber weiterhin sicher auch eine Rückwirkung auf die praktische Philosophie, die Ethik, und die damit zusammenhängenden Gebiete der Religion und der Politik ausüben. Welche segensreichen Folgen nach meiner Ueberzeugung unsere heutige Entwickelungslehre in dieser Beziehung nach sich ziehen wird, indem die wahre, auf Vernunft gegründete Naturreligion an die Stelle der dogmatischen Kirchen-Religion tritt, und deren Grundlage, das menschliche Pflichtgefühl aus den socialen Instincten der Thiere historisch ableitet, das hatte ich in meinem Münchener Vortrage nur kurz angedeutet (S. 18).

Die Beziehung auf die „socialen Instincte", die ich gleich DARWIN und vielen Anderen für die eigentlichen Urquellen der sittlichen Entwickelung halte, scheinen nun für VIRCHOW Veranlassung gegeben zu haben, in seiner Gegenrede die Descendenzlehre für eine „socialistische Theorie" zu erklären und ihr somit den gefährlichsten und verwerflichsten Character beizulegen, den gerade in der Gegenwart eine politische Theorie haben kann. Die betreffenden erstaunlichen Denunciationen haben übrigens gleich nach ihrem Bekanntwerden solche gerechte Entrüstung und so eingehende Widerlegung hervorgerufen, dass ich hier füglich darüber hinweggehen könnte. Doch wollen wir sie wenigstens insoweit kurz beleuchten, als sie einen neuen Beweis dafür liefern, dass VIRCHOW mit den wichtigsten Grundsätzen der heutigen Entwickelungslehre **unbekannt** und daher zu ihrer Beurtheilung **incompetent** ist. Uebrigens legte VIRCHOW als Politiker offenbar gerade auf diese politische Nutzanwendung seiner Rede besonderes Gewicht, indem er ihr den sonst wenig passenden Titel gab: „Die Freiheit der Wissenschaft im modernen Staate." Leider hat er nur vergessen, diesem Titel die zwei Worte hinzuzufügen, in denen die eigentliche Tendenz seines Vortrags gipfelt, die zwei inhaltsschweren Worte: „**muss aufhören**"!

Die überraschenden Enthüllungen, in denen VIRCHOW die heutige Entwickelungslehre, und speciell die Abstammungslehre, als gemeingefährliche socialistische Theorien denuncirt, lauten folgendermassen: „Nun stellen Sie sich einmal vor, wie sich die Descendenz-Theorie heute schon im Kopfe eines **Socialisten** darstellt! Ja, meine Herren, das mag Manchem lächerlich erscheinen, aber es ist **sehr ernst**, und ich will hoffen, dass die Descendenz-Theorie für uns nicht alle die Schrecken bringen möge, die ähnliche Theorien wirklich im Nachbarlande angerichtet haben. Immerhin hat auch diese Theorie, wenn sie consequent durchgeführt wird, eine **ungemein bedenkliche Seite**, und dass der **Socialismus** mit ihr Fühlung gewonnen hat, wird Ihnen hoffentlich nicht entgangen sein. Wir müssen uns das ganz klar machen!"

Erstaunt frage ich mich beim Lesen dieser Sätze, die der Berliner „Kreuzzeitung" oder dem Wiener „Vaterland" entnommen zu sein scheinen: Was in aller Welt hat die Descendenz-Theorie mit dem Socialismus zu thun? Schon vielfach, von verschiedenen Seiten und seit langer Zeit ist darauf hingewiesen worden, dass diese beiden Theorien sich vertragen wie Feuer und Wasser. Mit Recht konnte OSCAR SCHMIDT entgegnen: „Wenn die Socialisten klar denken würden, so müssten sie Alles thun, um die Descendenzlehre zu verheimlichen; denn sie predigt überaus deutlich, dass die **socialistischen Ideen unausführbar sind**." Und er fügt weiter hinzu: „Aber warum hat VIRCHOW nicht die milden Lehren des **Christenthums** für die Ausschreitungen des Socialismus verantwortlich gemacht? Das hätte noch einen Sinn! Seine in's grosse Publicum geworfene Denunciation, so mysteriös, so zuversichtlich, als handelte es sich um „eine sicher beglaubigte wissenschaftliche Wahrheit", und doch so hohl, vermag ich mit der Würde der Wissenschaft nicht in Einklang zu bringen."

Bei diesen leeren Beschuldigungen wie bei allen den hohlen Vorwürfen und grundlosen Einwendungen, welche Virchow der Entwickelungslehre macht, hütet er sich wohl, irgendwie auf den Kern der Sache einzugehen. Wie wäre das auch möglich, ohne zu ganz entgegengesetzten, als zu den von ihm proclamirten Consequenzen zu gelangen? Deutlicher als jede andere wissenschaftliche Theorie predigt gerade die Descendenz-Theorie, dass die vom Socialismus erstrebte Gleichheit der Individuen eine Unmöglichkeit ist, dass sie mit der thatsächlich überall bestehenden und nothwendigen Ungleichheit der Individuen in unlöslichem Widerspruch steht. Der Socialismus fordert für alle Staatsbürger gleiche Rechte, gleiche Pflichten, gleiche Güter, gleiche Genüsse; die Descendenz-Theorie gerade umgekehrt beweist, dass die Verwirklichung dieser Forderung eine baare Unmöglichkeit ist, dass in den staatlichen Organisations-Verbänden der Menschen, wie der Thiere, weder die Rechte und Pflichten, noch die Güter und Genüsse aller Staatsglieder jemals gleich sein werden, noch jemals gleich sein können. Das grosse Gesetz der Sonderung oder Differenzirung lehrt ebenso in der allgemeinen Entwickelungs-Theorie, wie in deren biologischem Theile, der Descendenz-Theorie, dass die Mannigfaltigkeit der Erscheinungen aus der ursprünglichen Einheit, die Verschiedenartigkeit der Leistungen aus der ursprünglichen Gleichheit, die zusammengesetzte Organisation aus der ursprünglichen Einfachheit sich entwickelt. Die Existenz-Bedingungen sind für alle Individuen von Anfang ihrer Existenz an ungleiche, sogar auch die ererbten Eigenschaften, die „Anlagen", sind mehr oder minder ungleich, wie können da die Lebens-Aufgaben und deren Ergebnisse überall gleiche sein? Je höher das Staatsleben entwickelt ist, desto mehr tritt das grosse Princip der Arbeitstheilung in den Vordergrund, desto mehr verlangt der Bestand des ganzen Staats, dass seine Glieder sich in die mannigfaltigen Aufgaben des Lebens vielfach theilen; und wie die von den Einzelnen zu leistende Arbeit und der damit verbundene Aufwand von Kraft, Geschick, Vermögen u. s. w. höchst verschiedenartig ist, so muss naturgemäss auch der Lohn dieser Arbeit höchst verschieden sein. Das sind so einfache und handgreifliche Thatsachen, dass man meinen sollte, jeder vernünftige und vorurtheilsfreie Politiker sollte die Descendenz-Theorie, wie überhaupt die Entwickelungslehre, als bestes Gegengift gegen den bodenlosen Widersinn der socialistischen Gleichmacherei empfehlen!

Vollends der Darwinismus, die Selections-Theorie, den VIRCHOW bei seiner Denunciation wohl eigentlich mehr im Auge gehabt hat, als den stets damit verwechselten Transformismus, die Descendenz-Theorie! Der Darwinismus ist alles Andere eher als socialistisch! Will man dieser englischen Theorie eine bestimmte politische Tendenz beimessen, — was allerdings möglich ist —, so kann diese Tendenz nur eine aristokratische sein, durchaus keine demokratische, und am wenigsten eine socialistische! Die Selections-Theorie lehrt, dass im Menschen-Leben wie im Thier- und Pflanzen-Leben überall und jederzeit nur eine kleine bevorzugte Minderzahl existiren und blühen kann; während die übergrosse Mehrzahl darbt und mehr oder minder frühzeitig elend zu Grunde geht. Zahllos sind die Keime jeder Thier- und Pflanzen-Art, und die jungen Individuen, die aus diesen Keimen hervorgehen. Unverhältnissmässig gering ist dagegen die Zahl der glücklichen Individuen unter jenen, die sich bis zur vollen Reife entwickeln und ihr erstrebtes Lebensziel wirklich erreichen. Der grausame und schonungslose „Kampf um's Dasein", der überall in der lebendigen Natur wüthet, und naturgemäss wüthen muss, diese unaufhörliche und unerbittliche Concurrenz alles Lebendigen, ist eine unleugbare Thatsache; nur die auserlesene Minderzahl der bevorzugten Tüchtigen ist im Stande, diese Concurrenz glücklich zu bestehen, während die grosse Mehrzahl der Concurrenten nothwendig elend verderben muss! Man kann diese tragische Thatsache tief beklagen, aber man kann sie weder wegleugnen noch ändern. Alle sind berufen, aber Wenige sind auserwählet! Die Selection, die „Auslese" dieser „Auserwählten" ist eben nothwendig mit dem Verkümmern und Untergang der übrig bleibenden Mehrzahl verknüpft. Ein anderer englischer Forscher bezeichnet daher auch den Kern des Darwinismus geradezu als das „Ueberleben des Passendsten", als den „Sieg des Besten". Jedenfalls ist dieses Selections-Princip nichts weniger als demokratisch, sondern im Gegentheil aristokratisch im eigentlichsten Sinne des Worts! Wenn daher der Darwinismus nach Virchow, consequent durchgeführt, für den Politiker eine „ungemein bedenkliche Seite" hat, so kann diese nur darin gefunden werden, dass sie aristokratischen Bestrebungen Vorschub leistet. Wie aber der heutige Socialismus an diesen Bestrebungen seine Freude haben soll, und wie die Schrecken der Pariser Commune darauf zurückzuführen sind, dass ist mir, offen gestanden, absolut unbegreiflich!

Uebrigens möchten wir bei dieser Gelegenheit nicht unterlassen darauf hinzuweisen, wie gefährlich eine derartige unmittelbare Uebertragung naturwissenschaftlicher Theorien auf das Gebiet der praktischen Politik ist. Die höchst verwickelten Verhältnisse unseres heutigen Culturlebens erfordern von dem praktischen Politiker eine so umsichtige und unbefangene Berücksichtigung, eine so gründliche historische Vorbildung und kritische Vergleichung, dass derselbe immer nur mit grösster Vorsicht und Zurückhaltung eine derartige Nutzanwendung eines „Naturgesetzes" auf die Praxis des Culturlebens wagen wird. Wie ist es nun möglich, dass Virchow, der erfahrene und gewiegte Politiker, der selbst überall Vorsicht und Zurückhaltung in der Theorie predigt, mit einem Male eine solche Anwendung vom Transformismus und Darwinismus macht, eine so grundverkehrte Anwendung, dass sie den eigentlichen Grundgedanken dieser Lehren geradezu in's Gesicht schlägt?

Ich selbst bin nichts weniger als Politiker. Mir fehlt dazu, im Gegensatze zu Virchow, ebenso das Talent und die Vorbildung, wie die Neigung und der Beruf. Ich werde daher weder in Zukunft eine politische Rolle spielen, noch habe ich früher jemals einen Versuch dazu gemacht. Wenn ich hier und da gelegentlich eine politische Aeusserung gethan oder eine politische Nutzanwendung naturwissenschaftlicher Theorien gegeben habe, so haben diese subjectiven Meinungen keinen objectiven Werth. Im Grunde genommen habe ich damit ebenso das Gebiet meiner Competenz überschritten, wie VIRCHOW, wenn er sich auf zoologische Fragen und namentlich auf den Transformismus der Affen einlässt. Ich bin in der politischen Praxis ebenso Laie, wie VIRCHOW im Gebiete der zoologischen Theorie. Uebrigens machen mich auch die Erfolge, welche VIRCHOW während seiner zwanzigjährigen mühseligen, unerquicklichen und aufreibenden Thätigkeit als Politiker erzielt hat, wahrlich nach solchen Lorbern nicht lüstern!

Das aber darf ich als theoretischer Naturforscher von den praktischen Politikern wohl verlangen, dass sie bei politischer Verwerthung unserer Theorien sich zuvor mit denselben genau bekannt machen. Sie werden es dann in Zukunft wohl unterlassen, gerade das Gegentheil von demjenigen daraus zu schliessen, was vernunftgemäss daraus erschlossen werden muss. Missverständnisse werden niemals dabei ganz ausbleiben; aber welche Lehre ist denn überhaupt von „Missverständnissen" sicher? Und aus welcher gesunden und wahren Theorie können nicht die ungesundesten und wahnwitzigsten Folgerungen abgeleitet werden?

Wie wenig Theorie und Praxis im Menschenleben übereinstimmen, wie wenig gerade die berufenen Vertreter herrschender Lehren sich befleissigen, die natürlichen Folgen derselben für das practische Leben zu ziehen, das zeigt vielleicht Nichts so auffallend, als die Geschichte des Christenthums. Sicher enthält die christliche Religion, ebenso wie die buddhistische, von allem dogmatischen Fabelkram entkleidet, einen vortrefflichen humanen Kern; und gerade jener humane, im besten Sinne „social-demokratische" Theil der christlichen Lehren, der die Gleichheit aller Menschen vor Gott predigt, das „Liebe deinen

Nächsten als dich selbst", überhaupt die „Liebe" im edelsten Sinne, das Mitgefühl mit den Armen und Elenden u. s. w., gerade diese wahrhaft humanen Seiten der Christenlehre sind so naturgemäss, so edel, so rein, dass wir sie unbedenklich auch in die Sittenlehre unserer monistischen Naturreligion aufnehmen. Ja die „socialen Instincte" der höheren Thiere, auf welche wir letztere gründen (z. B. das bewunderungswürdige Pflichtgefühl der Ameisen u. s. w.), sind in diesem besten Sinne geradezu „christlich"!

Und was, fragen wir, was haben nun die berufenen Vertreter, ihre „gottgelehrten" Priester aus dieser „Religion der Liebe" gemacht? Mit blutigen Lettern steht es seit 1800 Jahren in der Culturgeschichte der Menschheit eingeschrieben! Alles was sonst noch verschiedene Kirchen-Religionen für gewaltsame Ausbreitung ihrer Lehren und für Ausrottung der andersgläubigen Ketzer geleistet haben, Alles was die Juden gegen die Heiden, die römischen Kaiser gegen die Christen, Muhamedaner gegen Christen- und Judenthum verbrochen haben, Alles das wird übertroffen durch die Hekatomben von Menschen-Opfern, welche das Christenthum für die Verbreitung seiner Lehre gefordert hat! Und zwar Christen gegen Christen! Rechtgläubige Christen gegen nichtrechtgläubige Christen! Man denke nur an die Inquisition im Mittelalter, an die unerhörten und unmenschlichen Grausamkeiten, welche die „allerchristlichsten Könige" in Spanien, ihre werthen Collegen in Frankreich, in Italien u. s. w. begingen. Hunderttausende starben damals den grausamsten Flammentod, bloss weil sie ihre Vernunft nicht unter das Joch des krassesten Aberglaubens beugten, und weil ihre pflichttreue Ueberzeugung ihnen verbot, die klar erkannte natürliche Wahrheit zu verleugnen! Keine scheussliche, niederträchtige und unmenschliche Handlung giebt es, die damals und bis heute nicht im Namen und auf Rechnung des „wahren Christenthums" begangen wurde!

Und wie steht es vollends mit der Moral der Priester, die sich als Diener von Gottes Wort ausgeben und die doch zunächst die Pflicht hätten, in ihrem eigenen Leben die Heilslehren des Christenthums zu bethätigen? Die lange, ununterbrochene und grauenvolle Kette von Verbrechen aller Art, welche die Geschichte der römischen Päpste bezeichnen, gibt darauf die beste Antwort. Und wie diese „Stellvertreter Gottes auf Erden", so haben auch ihre untergeordneten Helfer und Helfershelfer, so haben auch die „rechtgläubigen" Priester anderer Confessionen nicht ermangelt, die Praxis ihres eigenen Lebenswandels in möglichst schroffen Contrast zu den edlen Lehren der christlichen Liebe zu setzen, die sie beständig im Munde führen!

Wie mit dem Christenthum, so geht's aber auch mit allen andern Religionslehren und Sittenlehren, so geht es mit allen Lehren, die in dem weiten Gebiete der praktischen Philosophie, in der Erziehung der Jugend, in der Bildung des Volkes ihre Kraft bewähren sollen. Der theoretische Kern dieser Lehren kann stets und überall, der widerspruchsvollen Natur des Menschen entsprechend, mit seiner praktischen Ausbeutung in grellestem Widerspruch stehen. Was geht das Alles aber den wissenschaftlichen Forscher an? Dieser hat einzig und allein die Aufgabe, nach Wahrheit zu forschen, und das was er als Wahrheit erkannt hat, zu lehren, unbekümmert darum, welche Folgerungen etwa die verschiedenen Parteien in Staat und Kirche daraus ziehen mögen!

VII. Ignorabimus et Restringamur.

Das gefährliche Attentat, welches Virchow in München auf die Freiheit der Wissenschaft unternommen hat, ist nicht das erste seiner Art. Vielmehr ging ihm fünf Jahre früher ein ähnlicher Angriff voraus, der in zu innigem inneren Zusammenhange mit dem ersteren steht, als dass wir nicht hier schliesslich noch einige Worte darüber hinzufügen müssten. Unzweifelhaft ist die berühmte „I g n o r a b i m u s - Rede" von Du Bois-Reymond, welche derselbe 1872 auf der 45sten Versammlung deutscher Naturforscher und Aerzte in Leipzig hielt, nur der erste Theil desselben Berliner Kreuzzugs gegen die Freiheit der Wissenschaft, dessen zweiten Theil Virchow's „R e s t r i n g a m u r - Rede" 1877 auf der 50sten Versammlung derselben in München darstellt.

Der glänzende und geistreiche Vortrag Du Bois-Reymond's „über die Grenzen des Naturerkennens" ist seither so oft und von so verschiedenen Seiten discutirt worden, dass es überflüssig erscheinen könnte, nochmals ein Wort darüber zu sagen. Trotzdem will es mir scheinen, dass man über der ausgezeichneten Form und dem glänzenden Beiwerk des Vortrags meistens die eigentlichen Schwerpunkte des Inhalts übersehen hat. Es geschieht dies überhaupt bei Du Bois-Reymond's Vorträgen sehr häufig, da er die Schwächen der Beweisführung und die mangelnde Tiefe der Gedanken höchst geschickt durch glänzende Thesen und Antithesen, durch treffende Bilder und blumenreiche Gleichnisse, kurz durch all' jenes rhetorische Phrasen-Werk zu verstecken weiss, in welchem der gewandte französische Nationalgeist unserem

plumpen deutschen so sehr überlegen ist. Um so wichtiger ist
es, sich durch dieses verführerische Spiel nicht blenden zu lassen,
und insbesondere bei Ausführungen, welche die wichtigsten Grundfragen der menschlichen Wissenschaft berühren, den harten Kern
aus der wohlschmeckenden und duftenden Frucht herauszuschälen.
Auf die Hauptschwächen der Ignorabimus-Rede habe ich schon
gelegentlich (im Vorwort zur Anthropogenie und in einigen Noten
22, 23 zu meiner Münchener Rede) hingewiesen, ich muss aber
hier etwas eingehender darauf zurückkommen.

Zwei Probleme sind es bekanntlich, welche Du Bois-Reymond
als unübersteigliche Grenzen des Natur-Erkennens für den Menschen
hinstellt, und zwar als Grenzen, welche der menschliche Geist
nicht nur jetzt, im gegenwärtigen Stadium seiner Ausbildung nicht
zu überschreiten im Stande ist, sondern auch bei weiter fortschreitender Entwickelung n i e m a l s zu überschreiten im Stande
sein werde. Das erste Problem ist das Wesen und der Zusammenhang von Materie und Kraft, das zweite ist das menschliche Bewusstsein.

Zunächst müssen wir nun, wie bereits in dem Vorwort zur
Anthropogenie geschehen, entschieden gegen die U n f e h l b a r-
k e i t Protest erheben, mit der Du Bois-Reymond diese beiden
Probleme nicht nur für die Gegenwart, sondern auch für alle
Zukunft als unlösbar erklärt! Es wird damit einfach die Entwickelungsfähigkeit der Wissenschaft und der Fortschritt der Erkenntniss hinweggeleugnet. Fast alle grossen und schwierigen
Erkenntniss-Probleme galten den meisten oder allen Zeitgenossen
so lange für unlösbar, so lange jeder Weg zur Erkenntniss verschlossen schien, bis endlich der bahnbrechende Genius auftrat,
dessen klares Auge den richtigen, bisher verborgenen Weg der
Erkenntniss entdeckte. Wir brauchen bloss an unsere heutige
Entwickelungslehre selbst zu erinnern. Das „S c h ö p f u n g s-
P r o b l e m", die Frage von der Entstehung der Thier- und
Pflanzen-Arten, galt so lange allgemein für völlig unlösbar
und transcendent, bis der geniale Lamarck 1809 in seiner bewunderungswürdigen „Philosophie zoologique" die Principien der

Descendenz-Theorie feststellte. Ja selbst dann noch galten den meisten (— und darunter Vielen der hervorragendsten —) Biologen jene Schöpfungs-Probleme für ganz unlösbare Räthsel, und erst DARWIN löste dieselben 50 Jahre später durch seine Selections-Theorie (1859). Wir behaupten daher, dass es kein wissenschaftliches Problem gibt, von welchem man sagen darf, dass der menschliche Geist es auch in fernster Zukunft nie lösen werde. Sehr gut sagt DARWIN darüber in der Einleitung zu seiner „Abstammung des Menschen": „Es sind immer diejenigen, welche wenig wissen, und nicht die, welche viel wissen, welche positiv behaupten, dass dieses oder jenes Problem nie von der Wissenschaft werde gelöst werden."

Was dann weiter die zwei verschiedenen Grenzen betrifft, die DU BOIS-REYMOND der menschlichen Erkenntniss für alle Zukunft stecken will, so sind dieselben nach meiner Meinung unzweifelhaft eine und dieselbe. Das Problem von der Entstehung und dem Wesen des Bewusstseins ist nur ein specieller Fall von dem generellen Hauptproblem: vom Zusammenhang von Materie und Kraft. DU BOIS-REYMOND selbst deutet diese Möglichkeit am Schlusse seines Vortrages an, indem er sagt: „Schliesslich entsteht die Frage, ob die beiden Grenzen unseres Natur-Erkennens nicht vielleicht die nämlichen seien, d. h. ob, wenn wir das Wesen von Materie und Kraft begriffen, wir nicht auch verstanden, wie die ihnen zu Grunde liegende Substanz unter bestimmten Bedingungen empfinden, begehren und denken könne. Freilich ist diese Vorstellung die einfachste, und nach bekannten Forschungsgrundsätzen bis zu ihrer Widerlegung der vorzuziehen, wonach, wie vorhin gesagt wurde, die Welt doppelt unbegreiflich erscheint. Aber es liegt in der Natur der Dinge, dass wir auch in diesem Punkte nicht zur Klarheit kommen, und alles weitere Reden darüber bleibt müssig!" Also: „Ignorabimus"! Basta!

Die Leichtigkeit, mit welcher hier DU BOIS-REYMOND über den wichtigsten Theil seines Themas hinwegschlüpft, ist wirklich überraschend. Als ob es schliesslich doch gleichgültig sei, ob wir ein einziges unlösbares Grundproblem vor uns haben, oder zwei ganz verschiedene! Und als ob nicht eingehendes Nachdenken zu der Ueberzeugung führte, dass in der That das zweite Problem nur ein specieller Fall von dem generellen ersten Problem ist! Ich meinerseits kann mir das Verhältniss gar nicht anders vorstellen, und ich denke auch, dass „alles weitere Reden darüber nicht müssig bleibt", vielmehr zu der sehr wichtigen Ueberzeugung von der Einheit beider Probleme führt. Dass Du Bois-Reymond „auch in diesem Punkte nicht zur Klarheit gekommen" ist, das liegt nicht in der „Natur der Dinge", sondern, wie bei Virchow, in der Natur des Forschers selbst, in seinem Mangel an entwickelungsgeschichtlichen Kenntnissen, und in seinem Verzicht auf jene vergleichende und genetische Methode der Erkenntniss, ohne welche nach meiner Ueberzeugung auch nicht zu einer annähernden Lösung jener höchsten und schwierigsten Fragen zu gelangen ist.

Nichts scheint mir für die mechanische Erklärung des Bewusstseins wichtiger zu sein, als die vergleichende Betrachtung seiner Entwickelung. Wir wissen, dass das neugeborene Kind kein Bewusstsein besitzt, sondern dass es dasselbe langsam und allmälig erwirbt und entwickelt. Wir sehen an uns selbst jeden Augenblick, wie unbewusste Thätigkeiten zu bewussten werden und umgekehrt. Zahlreiche Thätigkeiten, die anfangs mühsam, mit Bewusstsein und Ueberlegung erlernt werden mussten, z. B. Gehen, Schwimmen, Singen u. s. w. werden allein durch Wiederholung, durch Uebung, durch Gebrauch der Organe, unbewusst. Umgekehrt werden unbewusste Thätigkeiten sofort wieder zu bewussten, sobald wir die Aufmerksamkeit darauf richten, die Selbstbeobachtung anwenden, so z. B. wenn wir beim Treppensteigen einen Fehltritt thun, beim Clavierspielen eine falsche Taste greifen. Unzweifelhaft gehen also bewusste und unbewusste Handlungen ohne feste Grenze in einander über. Nicht minder sehen wir endlich bei vergleichender Betrachtung des Seelenlebens der Thiere, dass sich das Bewusstsein derselben langsam, allmälig und stufenweise entwickelt; dass eine lange

Stufenleiter von unbewussten zu bewussten Wesen ununterbrochen hinaufführt. Aus diesen vergleichenden und genetischen Erfahrungen dürfen wir den Schluss ziehen, dass das Bewusstsein, gleich der Empfindung und dem Willen, gleich allen anderen Seelenthätigkeiten, eine physiologische Function des Organismus, eine mechanische Arbeit der Zellen, und als solche auf chemische und physikalische Vorgänge zurückführbar ist. Wenn wir daher im Stande sein würden, die Kraft als eine nothwendige Function der Materie zu verstehen, so würden wir auch das Bewusstsein, wie die Seele überhaupt, als eine nothwendige Function gewisser Zellen erklären können.

Wie wenig Du Bois-Reymond mit den Thatsachen der vergleichenden und genetischen Psychologie bekannt ist, das zeigt Nichts auffallender, als folgender überraschende Satz der Ignorabimus-Rede: „Wo es an den materiellen Bedingungen für geistige Thätigkeit in Gestalt eines Nervensystems gebricht, wie in den Pflanzen, kann der Naturforscher ein Seelenleben nicht zugeben, und hierin stösst er nur selten auf Widerspruch." Bitte um Entschuldigung! Jeder Naturforscher wird hier entschiedenen Widerspruch erheben, der mit der vergleichenden Morphologie und Physiologie der niederen Thiere vertraut ist. Denn er kann die unzweifelhafte Empfindung und willkürliche Bewegung den einzelnzigen Infusorien so wenig absprechen, wie den vielzelligen Hydroidpolypen. Der Leib der echten Infusorien (Ciliaten, Acineten) und vieler anderer Protisten bleibt zeitlebens eine einzige einfache Zelle, und dennoch ist diese Zelle mit den wichtigsten Attributen der Seele, mit Empfindung und Willen, ebenso gut ausgestattet wie irgend ein höheres Thier mit Nervensystem. Letzteres gilt auch von der Hydra und den verwandten Hydroid-Polypen, bei denen die Neuromuskelzellen oder andere zerstreute Zellen des äusseren Keimblattes die Seelenthätigkeiten besorgen. Da diese Zellen ausserdem aber auch noch motorische und andere Functionen üben, so können wir sie noch nicht als Nerven-Zellen bezeichnen; von einem besonderen „Nerven-System" kann hier ohnehin keine Rede sein. Die characteristischen Seelen-Organe der höheren Thiere, die wir unter dem Begriff des Nerven-Systems zusammenfassen, sind ja erst durch Arbeitstheilung der Zellen aus jenen indifferenten Zellen-Gruppen ihrer niederen Vorfahren historisch entstanden.

In der wichtigen Seelenfrage steht also Du Bois-Reymond ganz ebenso wie Virchow noch heute auf dem Standpunkte der Neural-Psychologie, wonach ein eigentliches Seelenleben ohne Nervensystem nicht denkbar ist. Wir halten diesen Standpunkt für überwunden und stellen ihm unsere Cellular-Psychologie entgegen, die Lehre, dass alle organischen Zellen beseelt sind, d. h. dass ihr Protoplasma mit Empfindung und Bewegung begabt ist. Bei den einzelligen Infusorien, die so zarte Empfindung, so energischen Willen besitzen, wird diese Auffassung ohne Weiteres klar sein. Aber auch den Pflanzenzellen können wir psychische Functionen so wenig als den Thierzellen absprechen, seitdem wir wissen, dass die Erscheinungen der Reizbarkeit und der „automatischen Beweglichkeit" ganz allgemeine Attribute alles Protoplasma sind. Freilich ist die specielle Mechanik, die Ursache der Bewegung bei den reizbaren Mimosen und anderen „empfindlichen" Pflanzen, eine ganz andere, als bei der Muskelbewegung der Thiere. Aber diese wie jene sind nur verschiedenartige Entwickelungsformen der „Zellseele", sind beide aus der „Mechanik des Protoplasma" hervorgegangen. Die „Empfindlichkeit" des reizbaren Protoplasma ist bei der Pflanzenzelle der Mimose, wie bei der Thierzelle der Hydra dieselbe. Wie fern Du Bois-Reymond dieser Erkenntniss steht, und wie sehr er noch in neural-psychologischen Anschauungen befangen ist, das zeigt am deutlichsten der wunderbare und erstaunliche Satz, welchen er seiner oben angeführten, irrthümlichen Behauptung anzuhängen für gut befunden hat: „Was aber wäre dem Naturforscher zu erwidern, wenn er, bevor er in die Annahme einer Weltseele willigte, verlangte, dass ihm irgendwo in der Welt, in Neuroglia gebettet, und mit warmem arteriellen Blute unter richtigem Drucke gespeist, ein dem geistigen Vermögen solcher Seele an Umfang entsprechendes Convolut von Ganglienkugeln und Nervenröhren gezeigt würde?" (!)

Uebrigens wollen wir nicht verschweigen, dass Du Bois-Reymond unserer heutigen Entwickelungslehre weit näher steht als Virchow, ja dass er sich sogar von Jahr zu Jahr immer entschiedener für die Descendenz-Theorie als die einzig mögliche Erklärung der morphologischen Erscheinungen ausgesprochen hat. Rechnet sich doch Du Bois-Reymond neuerdings sogar zu denjenigen Naturforschern, welche schon vor Darwin von der Wahrheit des Transformismus überzeugt waren. Dann bleibt es nur zu verwundern, warum ein so scharfsinniger und geistreicher Naturforscher, dem es doch sicher auch an wissenschaftlichem Ehrgeiz nicht fehlt, es Charles Darwin überliess, das Ei des Columbus auf den Ring zu stellen, und durch Einführung der Selections-Theorie, durch definitive Begründung der Descendenz-Theorie, der ganzen biologischen Wissenschaft neue und unendlich fruchtbare Bahnen anzuweisen?

Dass übrigens auch Du Bois-Reymond noch weit davon entfernt ist, die volle Bedeutung des Transformismus für die mechanische Erklärung der morphologischen Probleme ganz zu verstehen, das geht klar aus einigen Bemerkungen seiner Rede hervor, die den Titel trägt: Darwin versus Galiani (1876). Die „Schöpfungsgeschichte" wird daselbst einfach als ein „Roman" abgethan; und die „Stammbäume" der Phylogenie sind in seinen Augen „etwa so viel werth, wie in den Augen der historischen Kritik die Stammbäume homerischer Helden". Die Geologen dürfen sich für diese Werthschätzung ihrer Wissenschaft schön bedanken; denn unzweifelhaft ist die Geologie, als Hypothesen-Gebäude, nicht mehr und nicht minder berechtigt als die Phylogenie, wie ich schon in meiner Münchener Rede angedeutet hatte (S. 9): „Denselben Werth, wie die allgemein anerkannten geologischen Hypothesen, dürfen auch unsere phylogenetischen Hypothesen beanspruchen; der Unterschied ist nur der, dass der gewaltige Hypothesen-Bau der Geologie ungleich vollendeter, einfacher und leichter zu begreifen ist, als derjenige der jugendlichen Phylogenie." Was aber die berüchtigten „Stammbäume" betrifft, so sind diese Nichts weiter als der einfachste, knappste und übersichtlichste Ausdruck der phylogenetischen Hypothesen, und als solche heuristische Hypothesen sind sie für die specielle Phylogenie gerade so unentbehrlich, wie die schematischen Schichtungs-Tabellen der Erdrinde für die Geologie.

Wenn Du Bois-Reymond von der Wahrheit des Transformismus so überzeugt ist, wie er jetzt neuerlichst angibt, warum macht er denn nicht einen ernstlichen Versuch, auch auf seinem eigensten Forschungs-Gebiete, in der Physiologie, die erklärende Kraft der Descendenz-Theorie zu erproben? Warum arbeitet er nicht an der noch gänzlich unbebauten Physiogenie, an der „Entwickelungsgeschichte der Functionen", an der „Ontogenie und Phylogenie der Lebensthätigkeiten"? Der einzige Gedanke, der hier neuerdings oft als eine wichtige Entdeckung Du Bois-Reymond's gerühmt wird, der schon von Leibnitz geahnte Gedanke, dass die „angeborenen Ideen", die „Erkenntnisse a priori", durch Vererbung aus ursprünglichen Erfahrungen, aus empirischen „Erkenntnissen a posteriori" entstanden sind, dieser Gedanke ist schon lange vor Du Bois-Reymond (— was derselbe freilich nicht erwähnt —) von mir bestimmt ausgesprochen worden, 1866 in der generellen Morphologie (Bd. II, S. 446) und 1868 in der Natürlichen Schöpfungsgeschichte (1. Aufl., S. 530). Wenn sich Du Bois-Reymond mit diesen Problemen eingehend beschäftigt hätte, dann würde er sicher auch einmal an die „Entwickelung des Bewusstseins" gedacht und es nicht als ewig unlösbares Problem hingestellt haben: „Wie die Materie denken kann?" — ein Ausdruck, beiläufig bemerkt, eben so sinnreich, wie der Ausdruck: „Die Materie läuft", oder: „Die Materie schlägt die Stunden"! Sicher würde er sich dann auch wohl gehütet haben, das schwerwiegende „Ignorabimus" auszusprechen.

Vielfach ist die Frage aufgeworfen worden, warum gerade zwei so hervorragende Berliner Biologen, wie Virchow und Du Bois-Reymond, die besonders feierlichen Gelegenheiten der 50sten Jahresfeier und der 50sten Versammlung der deutschen Naturforscher und Aerzte benutzten, um eine Lanze gegen den Fortschritt und die Freiheit der Wissenschaft einzulegen. Der lebhafte Beifall, den sie Beide hierfür sofort von Seiten des Clerus und aller sonstigen Feinde der Geistes-Freiheit gefunden — und zwar Virchow noch in viel höherem Maasse als Du Bois-Reymond — lässt diese Frage ohne Zweifel gerechtfertigt erscheinen. Ich glaube zur Beantwortung derselben Einiges beitragen zu können, und da ich nicht durch Ehrfurcht vor dem Berliner Tribunal der Wissenschaft, oder durch Sorge um Verlust einflussreicher Berliner Connexionen gebunden bin, wie die meisten meiner gleichdenkenden Collegen, so nehme ich keinen Anstand, hier wie anderswo, meine ehrliche Ueberzeugung frank und frei zu äussern; unbekümmert um den Zorn, den vielleicht viele wirkliche und nichtwirkliche Geheimeräthe in Berlin beim Anhören der ungeschminkten Wahrheit empfinden mögen.

Die nächste Ursache ihrer „Missverständnisse", und zugleich die beste Entschuldigung derselben dürfte für Virchow wie für Du Bois-Reymond in ihrer Unbekanntschaft mit den Fortschritten der neueren Morphologie liegen. Wie schon wiederholt hervorgehoben wurde, ist keine Naturwissenschaft so unmittelbar auf die Entwickelungslehre, und besonders auf die Descendenz-Theorie hingewiesen, wie die Morphologie. Weil wir Morphologen alle die mannigfaltigen und unendlich verwickelten Form-Erscheinungen der Thier- und Pflanzen-Welt ohne jene Theorie weder erklären noch begreifen können, weil für uns der Transformismus die einzig mögliche, vernunftgemässe Erklärung der organischen Gestaltungen einschliesst, desshalb halten wir Alle sie für die unentbehrliche Basis der wissenschaftlichen Formenlehre, desshalb brauchen wir für ihre Sicherheit keine weiteren Beweise, als diejenigen, die uns jetzt schon in reichster Fülle zu Gebote stehen.

Du Bois-Reymond und noch mehr Virchow ignoriren diese Beweise, weil sie sowohl mit den Forschungen und Resultaten, wie mit den Methoden und Zielen unserer heutigen Morphologie grösstentheils unbekannt sind. Diese Unbekanntschaft aber ererklärt sich theils aus der einseitig physiologischen Richtung ihrer biologischen Studien, theils daraus, dass überhaupt an wenigen

Universitäten das Studium der Morphologie so zurückgeblieben ist, wie an der Berliner Universität. Volle zwanzig Jahre sind jetzt verflossen, seit der grosse JOHANNES MÜLLER, der letzte Naturforscher der das Gesammtgebiet der Biologie beherrschte, die Augen schloss. Die drei grossen Wissenschaftsgebiete, die er noch als dreieiniges Königreich unter seinem gewaltigen Scepter vereinigt hatte, wurden jetzt auf drei verschiedene Lehrstühle vertheilt: DU BOIS-REYMOND erhielt die Physiologie, VIRCHOW die theoretische Pathologie (pathologische Anatomie und Physiologie) der dritte und wichtigste Lehrstuhl, derjenige der Morphologie (der menschlichen und vergleichenden Anatomie, mit Inbegriff der Entwickelungsgeschichte) fiel an BOGUSLAUS REICHERT. Diese Wahl war, wie jetzt allgemein eingestanden wird, ein unbegreiflicher Missgriff. Anstatt für Morphologie, für diese erste Grundlage der Zoologie wie der Medicin, CARL GEGENBAUR oder MAX SCHULTZE oder eine andere voll befähigte jugendliche Lehrkraft zu berufen, nahm man in REICHERT einen gealterten und in starker Rückbildung begriffenen Schul-Anatomen, der zwar einige brauchbare Special-Arbeiten geliefert hatte, dessen allgemeine Anschauungen aber gänzlich schief entwickelt waren, und der durch beispiellose Unklarheit der Vorstellungen und Verworrenheit der Begriffe nur noch von ADOLF BASTIAN übertroffen wird. Seit zwanzig Jahren vertritt dieser Mann an der zweitgrössten Universität Deutschlands die animale Morphologie, und in diesen zwanzig Jahren ist daselbst auf dem ganzen grossen Gebiete fast nichts Nennenswerthes, weder von dem Meister noch von seinen Schülern, geleistet worden; man vergleiche nur einfach die vielen werthlosen Berliner anatomischen Leistungen dieser beiden Decennien (z. B. noch die neueste confuse Arbeit von FRITSCH über das Fisch-Gehirn) mit dem reichen Schatze der werthvollsten Arbeiten, den JOHANNES MÜLLER und seine zahlreichen Schüler in den vorhergehenden zwanzig Jahren zu Tage gefördert hatten.

Doch nicht genug daran, benutzte REICHERT auch seine einflussreiche Stellung, um selbst dem wissenschaftlichen Studium der Morphologie möglichst entgegen zu wirken. Im Vereine mit seinen

Collegen setzte er z. B. jene angebliche „Reform" der medicinischen Prüfungen durch, welche das sogenannte „Tentamen physicum" an die Stelle des „philosophicum" setzte. Die Philosophie wurde ganz eliminirt. Zoologie und Botanik, die seit Jahrhunderten mit gutem Rechte als unentbehrliche Grundlagen für die allgemeine naturwissenschaftliche Bildung des angehenden Mediciners gegolten hatten, fielen aus seinem Bildungskreise aus. Nur wie zum Hohne auf diese Wissenschaften wurde in jener Prüfung ein kleiner Platz für „vergleichende Anatomie" beibehalten, für jenen schwierigsten, philosophischen Theil der thierischen Morphologie, der ohne vorausgehende Kenntniss der übrigen zoologischen Fächer gar nicht verstanden werden kann. Und doch ist die vergleichende Anatomie und Entwickelungsgeschichte erst wieder die unentbehrliche Vorstufe für ein wahrhaft wissenschaftliches Verständniss der menschlichen Anatomie, dieser wichtigsten Grundlage medicinischer Bildung. Ohne die belebenden Entwickelungs-Gedanken der ersteren bleibt die letztere todter Gedächtniss-Kram.

An die Stelle der degradirten Morphologie trat ein detaillirteres Studium der immer einseitiger entwickelten Physiologie. Nun sind aber diese beiden, gleich wichtigen und gleich berechtigten Hauptzweige der Biologie so auf einander angewiesen, dass nur durch gleichmässige Ausbildung in Beiden ein wahrhaft wissenschaftliches Verständniss des Organismus gewonnen werden kann. Der meisterhafte und unvergleichliche Unterricht von JOHANNES MÜLLER verdankte einen grossen Theil seines fesselnden Reizes dieser gleichmässigen Pflege der Morphologie und der Physiologie, wie auch der umfassenden, von grossartigen Gesichtspunkten geleiteten Behandlung des massenhaft angehäuften Detail-Stoffes. Daher unterliegt es für mich auch keinem Zweifel, dass die heutige, von REICHERT und Consorten beeinflusste morphologische Bildung der Aerzte in Preussen hinter derjenigen der MÜLLER'schen Periode, vor 20 und 30 Jahren, im allgemeinen Verständniss des Organismus eben so zurückgeblieben ist, wie sie in speciellen Kenntnissen ihr vorausgeeilt ist.

Nun ist aber bei der ärztlichen wie bei jeder anderen wissenschaftlichen Bildung das höchste Ziel nicht in der massenhaften Erwerbung des chaotisch angehäuften Einzel-Wissens zu suchen, sondern vielmehr in dem allgemeinen Verständniss der Wissenschaft, ihrer Ziele und Aufgaben. Diese generelle Erkenntniss soll der Lehrer vor Allem dem Lernenden zuführen; leicht ist es dann für letzteren, mit Hülfe der richtigen Methoden, jede einzelne specielle Kenntniss sich zu erwerben. Daher wird in der Medicin, wie in jeder anderen Wissenschaft, nicht derjenige die beste Bildung besitzen, der à la BASTIAN sein Gedächtniss mit einer verworrenen Masse unverdauter Thatsachen belastet und diese ohne alle Ordnung in sein Gehirn zusammengeworfen hat, sondern derjenige, der eine mässige Anzahl der wichtigsten Kenntnisse wirklich verdaut und diese zu einem harmonischen Ganzen kritisch geordnet hat. Gerade darin beruht ja auch für die Morphologie der unschätzbare Werth des Transformismus, dass er es uns möglich macht, über die nackte empirische Kenntniss zahlloser einzelner Thatsachen uns zur philosophischen Erkenntniss ihrer bewirkenden Ursachen zu erheben.

Daraus, dass gerade an der Berliner Universität das morphologische Studium seit zwei Decennien mehr als an allen anderen vernachlässigt worden ist, erklärt sich auch grösstentheils die Abneigung und Verachtung, welche die Descendenz- und Selections-Theorie dort mehr als anderswo seither gefunden hat. In keiner grösseren Stadt Deutschlands ist sowohl der Transformismus im Allgemeinen, als der Darwinismus im Besonderen, so wenig gewürdigt, so stark missverstanden und so mit souveränem Hohn verspottet worden als in Berlin. Hat doch ADOLF BASTIAN, der Eifrigste unter allen Berliner Gegnern unserer Lehren, gerade diese Thatsache mit besonderer Genugthuung hervorgehoben. Unter allen namhaften Berliner Naturforschern hat nur Einer von Anfang an mit aller Wärme und mit voller Ueberzeugung sich des Transformismus angenommen, wie er auch schon vor DARWIN von dessen Wahrheit überzeugt war. Das war der geniale, kürzlich verstorbene Botaniker ALEXANDER BRAUN, ein Morphologe, der ebenso durch die Fülle umfassender Detail-Kenntnisse, wie durch philosophische Beherrschung derselben sich auszeichnete. Seine feste Ueberzeugung von der Wahrheit der Descendenz-Theorie ist um so mehr hervorzuheben, als er gleichzeitig ein fleckenloser Character, ein frommer Christ im besten Sinne des Wortes und ein sehr conservativer Politiker war; ein schlagendes Beispiel, dass auch solche Ueberzeugungen sehr wohl neben den Grundsätzen der heutigen Entwickelungslehre in einer und derselben Person vereinigt leben können. Gegenüber dem mächtigen Einflusse der übrigen Berliner Naturforscher, die grösstentheils entschiedene Gegner sind und erst neuerdings theilweise (der „Mode" folgend) sich zum Transformismus bekehrten, vermochte aber ein Mann wie ALEXANDER BRAUN den Lehren des letzteren keine Geltung zu verschaffen.

Uebrigens ist es nicht das erste Mal, dass gerade die Berliner Gelehrten-Welt den wichtigsten Fortschritten der Wissenschaft sich mit besonderer Kraft entgegenstemmt. Hat doch schon VIRCHOW's früherer College, der selige STAHL, in ähnlichem Sinne mit grossem Erfolge den Grundsatz gepredigt: „Die Wissenschaft muss umkehren"! Ebenso wie jetzt die Berliner Biologen dem grössten wissenschaftlichen Fortschritt unseres Jahrhunderts, dem Transformismus, den zähesten und nachhaltigsten Widerstand entgegensetzen, ebenso ist es wiederholt auch mit anderen bahnbrechenden Lehren geschehen! Man denke nur an CASPAR FRIEDRICH WOLFF, an den grossen Forscher, der zum ersten Male im Jahre 1759 die Natur der individuellen Entwickelungs-Vorgänge im Thier-Ei klar erkannte und darauf seine epochemachende „Theoria generationis" gründete. Die Berliner Gelehrten, voll von den herrschenden Vorurtheilen, wussten es damals durchzusetzen, dass WOLFF nicht einmal die nachgesuchte Erlaubniss zu öffentlichen Vorlesungen erhielt und sich in Folge dessen gezwungen sah, einem Rufe nach Petersburg Folge zu leisten. Und doch handelte es sich dabei nicht eigentlich um eine „Theorie". Denn die grundlegende Theorie der Generation von WOLFF, die „Theorie der Epigenesis", war nichts Anderes als der einfache allgemeine Ausdruck der embryologischen, von ihm zuerst erkannten Thatsachen, von deren Wahrheit sich Jedermann unmittelbar durch Beobachtung überzeugen konnte. Aber trotzdem blieben noch über ein halbes Jahrhundert hindurch die herrschenden Irrlehren der „Präformations-Theorie" in allgemeiner Geltung, die lächerlichen und unsinnigen, aber durch die Autorität von HALLER gestützten Lehren, dass die Keime aller Thier-Generationen vorgebildet in einander geschachtelt seien, und dass eine eigentliche Entwickelung gar nicht existire! „Nulla est epigenesis" (Vergl. meine Anthropogenie, III. Aufl. S. 32).

Es scheint nun aber einmal das Schicksal der interessantesten aller Wissenschaften, der Entwickelungsgeschichte, zu sein, dass gerade ihre bedeutungsvollsten Fortschritte und ihre grössten Entdeckungen dem stärksten und anhaltendsten Widerstande begegnen. Denn wie WOLFF's fundamentale Epigenesis-Theorie schon 1759 begründet, aber erst 1812 zur Anerkennung gebracht wurde, so musste auch LAMARCK's 1809 begründete Descendenz-Theorie volle 50 Jahre warten, ehe sie DARWIN 1859 zum wichtigsten Erwerb der neueren Wissenschaften gestaltete! Und wie wurde während dieser Zeit, trotz aller Fortschritte der empirischen Wissenschaften, diese umfassendste aller biologischen Theorien bekämpft! Erinnern wir uns nur daran, wie 1830 der berühmte GEORGE CUVIER den beredtesten Vertreter derselben, GEOFFROY S. HILAIRE, im Schoosse der Pariser Academie zum Schweigen brachte, und wie fast zur selben Zeit, 1829, ihr Begründer, der grosse LAMARCK, erblindet, in Elend und Dürftigkeit sein arbeitsreiches Leben beschloss, während sein Gegner CUVIER sich der höchsten Ehren und des grössten Glanzes erfreute! Und doch wissen wir heute, dass die verachteten und verspotteten Lehren LAMARCK's und GEOFFROY's bereits die bedeutungsvollsten Wahrheiten enthielten, während CUVIER's vielbewunderte und allgemein angenommene Schöpfungslehre heute als eine absurde und haltlose Irrlehre allgemein verlassen ist! Wenn aber weder HALLER gegen WOLFF, noch CUVIER gegen LAMARCK den Fortschritt der freien Forschung dauernd zu hemmen vermochte, so wird es noch weniger Virchow gelingen, Darwin's bewunderungswürdige Geistesthat rückgängig zu machen, selbst wenn er dabei durch die polternden Kapuziner-Predigten seines Freundes Bastian in nicht beneidenswerther Weise unterstützt wird!

Wie wir Virchow's feindselige Stellung in diesem grossartigen „Kampf um die Wahrheit" lebhaft bedauern, so unterschätzen wir auch nicht die Wirkung seiner wohlbegründeten Autorität auf weitere Kreise. Namentlich ist die feindliche Haltung, welche der Entwickelungslehre gegenüber fortdauernd der grösste Theil der Berliner Presse einnimmt (insbesondere die „liberale" National-Zeitung), wohl auf den Einfluss jener Autorität zurückzuführen. So sehr aber einerseits die reactionäre Strömung in diesen und anderen intelligenten Kreisen Berlins zu beklagen ist, so müssen wir doch andererseits hervorheben, dass wir durch dieses Uebel vor einem viel grösseren sicher bewahrt werden. Dieses grössere, ja das grösste Uebel das die deutsche Wissenschaft treffen könnte, wäre ein Berliner „Monopol der Erkenntniss", die Centralisation der Wissenschaft! Welche höchst verderblichen Früchte diese Centralisation z. B. in Frankreich getragen hat, wie das Pariser „Monopol der Erkenntniss" eine fortdauernde Degradation der französischen Wissenschaft bewirkt und sie von den höchsten Höhen seit einem halben Jahrhundert beständig bergab geführt hat, dass ist allbekannt. Vor einer solchen Centralisation der deutschen Wissenschaft, die gerade in der Reichshauptstadt Berlin ganz besonders gefährlich sein würde, bewahrt uns hoffentlich zunächst die vielfache Differenzirung und die vielseitige Individualität des deutschen National-Geistes, der vielgeschmähte deutsche Particularismus. So wenig diese „Kleinstaaterei" politisch von Dauer sein und eine brauchbare Staatsform liefern konnte, so segensreich und fruchtbringend ist sie sicher für die deutsche Wissenschaft gewesen. Denn gerade ihre glänzendsten Vorzüge vor allen Anderen verdankt die letztere den vielen kleinen Bildungscentren, welche die zahlreichen Hauptstädte der deutschen Kleinstaaten bildeten, und den vielen kleinen Universitäten, welche in regem Wetteifer einander zu überflügeln suchten. Hoffentlich wird diese segensreiche Decentralisation der Wissenschaft in unserem politisch geeinigten Vaterlande dauernd fortbestehen. Nächst dem centrifugalen Streben unseres deutschen National-Geistes wird aber dazu sicher Nichts so sehr beitragen, als ein derartiger energischer Widerstand gegen den freien Fortschritt der Wissenschaft, wie er gerade jetzt wieder in der leitenden Reichshauptstadt sich geltend macht. Denn um so viel, als diese dadurch in dem mächtigen Strom der unaufhaltsamen freien Geistes-Bewegung zurückbleibt, um so viel wird sie von den zahlreichen anderen Bildungsstätten Deutschlands überflügelt, die begeistert oder doch willig diesem Strome folgen. Wenn EMIL DU BOIS-REYMOND sein „Ignorabimus" und RUDOLF VIRCHOW sein noch viel weiter gehendes „Restringamur" zur Parole der Wissenschaft erheben wollen, so tönt ihnen aus Jena, wie aus hundert anderen Bildungsstätten der Ruf entgegen:

Impavidi progrediamur!

Anhang.

Einige Stimmen der Presse über Virchow's Münchener Rede.

I. **Stimme der „Berliner Hofprediger"** in der „Neuen evangelischen Kirchenzeitung" (Nr. 42, vom 20. Oktober 1877, p. 659).

Zum fünfzigsten Male hielt der Congress deutscher Naturforscher und Aerzte in den Tagen vom 19.—22. September zu München seine Zusammenkunft und erweckte durch ein Zusammentreffen von mancherlei Umständen diesmal besonderes Interesse. Dass der fürstliche Protector, Herzog CARL THEODOR, den Verhandlungen persönlich präsidirte, dass der Congress ein bei wissenschaftlichen Vereinigungen gewiss seltenes Jubiläumsalter von fünfzig Jahren documentirte, dass auserlesene Persönlichkeiten die Vorträge übernommen hatten: das Alles gab der Versammlung einen besonderen Glanz. Aber der Congress sollte eine hervorragende Bedeutung dadurch gewinnen, dass auf demselben ein Kampf begonnen wurde, der nicht ohne Nachwirkung bleiben wird; VIRCHOW stritt gegen HAECKEL, der radicale Fortschritt gegen die noch radicalere Descendenzlehre, der Atheismus der Wissenschaft gegen das Dogma vom Affenmenschen. Gewiss ein lehrreiches Tournier.

Es ist bekannt, dass die deutschen Naturforscher mit geringen Ausnahmen der Entwickelungslehre DARWIN's huldigen. Gewiss dachte Fürst BISMARCK hieran, als er von den nihilistischen Professoren sprach, die voll Aberglauben stecken. In der That ist die Descendenzlehre ein unbewiesenes Dogma; und der Glaube an dasselbe setzt eine Blindheit voraus, gegen welche der blindeste Köhlerglaube noch sehend heissen darf. Unter den Gläubigen dieser Hypothese ist HAECKEL nicht allein der eingenommenste, sondern auch der gegen Christenthum und Kirche erbittertste. Er hatte auch den Congress zu benutzen gedacht, um seiner Meinung ein Stück vorwärts zu helfen. **Welches Verhältniss die heutige Entwickelungslehre zur Gesammtwissenschaft unserer Tage einnimmt:** so lautet das Thema, in dessen Durchführung er den Anlauf zum Umsturz der vernünftigen Weltanschauung nahm. Die Descendenzlehre ist ihm unbestreitbare Thatsache; davon geht er aus und stellt für die naturwissenschaftliche Forschung einen neuen Kanon auf, indem er auf exacte Beweisführung überhaupt verzichtet. „Wenn man immer wieder nach bündigen Beweisen für die Richtigkeit der Abstammungslehre ruft," — sagt er — „so entspringt dieser Ruf aus der irrthümlichen Forderung, dass alle Naturwissenschafts-Disciplinen exact sein müssen; dieser Forderung entsprechen nur die rein mathematischen naturwissenschaftlichen Wissensgebiete, ein Theil der Chemie und der Physiologie, während für das so verwickelte und so veränderliche Gebiet der Biologie an die Stelle der mathematischen vielfach die geschichtlich philosophische Methode einzugreifen hat." Mit unglaublicher Leichtigkeit wird hier die bewährte und einzig mögliche Methode naturwissenschaftlicher Untersuchung preisgegeben, nur um ohne Beweis behaupten zu können, dass „der Mensch die Krone der Schöpfung ist, aus dem Stamm der Wirbelthiere hervorgegangen, aus der Klasse der Säugethiere, der Unterklasse der Placentalthiere, aus der Ordnung der Affen." Man hört dem Redner ordentlich das Behagen an, mit dem er sich in die thierische Abstammung hineinträumt. Die Existenz des Geistes macht ihm keine Schwierigkeiten, da „jede Geistesthätigkeit an die Organisation des Centralnervensystems geknüpft, dies letztere aber beim Menschen wie bei den übrigen Wirbelthieren gleichmässig zusammengesetzt ist und sich nach den nämlichen Gesetzen entwickelt. Aus der Plastidulenseele, dem Geistesleben der Moleküle, entsteht durch mechanische Verbindung die Zellenseele; nicht anders die Menschenseele, welche vor der Thierseele den Trieb voraus hat, „dass nach dem Gesetze der Gesellung sich mehrere Individuen zu einem Stock, einem Staat verbinden." Eben hieraus fliesst die HAECKEL'sche Moral, „denn jede derartige Bildung ist daran geknüpft, dass gewisse Opfer auf Kosten des Egoismus der Einzelnen gebracht werden." Ja auch eine Religion meint dieser Standpunkt auf dem Wege der vergleichenden Religionsforschung gewinnen zu können. „Unabhängig von jedem Kirchenglauben lebt im Menschen der Keim einer echten Naturreligion, deren Kern die Liebe ist." Unglaublich armselig und unwissenschaftlich ist begreiflicher Weise, was HAECKEL von der Religion sagt, die er nicht einmal ihrem Begriffe nach kennt: trotzdem wird er an ihr zum Propheten und verkündigt: „Nicht derjenigen Theologie gehört die Zukunft, welche gegen die siegreiche Entwickelungslehre einen fruchtlosen Kampf führt, sondern derjenigen, welche sich ihrer bemächtigt, sie anerkennt und verwerthet." Aus Allem folgert er nun, — und dies ist der praktische Zweck seines Vortrags — „die Descendenzlehre müsse als wichtigstes Bildungsmittel in der Schule ihren Einfluss geltend machen und hier nicht bloss geduldet, sondern massgebend werden, wobei eine weitgreifende Reform unausbleiblich ist und vom schönsten Erfolge begleitet sein wird." Zu solchen Fieberträumen kann die Feindschaft gegen das Christenthum deutsche Gelehrte führen. —

Das war doch VIRCHOW zu stark. Wir wissen von ihm seit langer Zeit, dass er nicht zu den Darwinianern gehört, sondern, obwohl Materialist, die Descendenzlehre aus wissenschaftlichen Gründen bekämpft. In seinen Absichten auf die Schule hatte er früher mit HAECKEL einige Aehnlichkeit; auch er sprach es einmal aus, das Uebernatürliche im Unterricht müsse durch die Naturkenntniss ersetzt werden. Um so ehrenvoller erscheint es für ihn, wenn er im Hinblick auf die HAECKEL'schen Masslosigkeiten, welche durch zahlreiche

Organe der Fortschrittspresse colportirt werden, und in Sorge um die socialistische Verwilderung, die aus dem Dogma vom Thiermenschen Capital schlägt, sich nicht scheut, ehemalige Irrthümer zu bekennen und gutzumachen. Und hier fand sich eine grosse und treffliche Gelegenheit. Ueber die Freiheit der Wissenschaft und ihre Stellung im modernen Staat zu reden, hatte Virchow angekündigt; er benutzte den Gegenstand um in jedem Punkte Haeckel zu widerlegen. Zunächst dringt er auf streng naturwissenschaftliche Methode: „darauf kommt es an, zuvörderst genügendes thatsächliches Material herbeizuschaffen, um diese Probleme von dem Wesen der Seele erst in ernsthafter Weise erörterungsfähig zu machen. Wenn was heute für Wahrheit ausgegeben wird, sich morgen schon als Irrthum erweist, dann verliert die Masse ihren Glauben an die Wissenschaft überhaupt." Dann bestreitet er die Thatsächlichkeit der Haeckel'schen Aufstellungen. „Ist — fragt er — die Descendenzlehre ein sichergestelltes Forschungsergebniss?" Und er verneint diese Frage, in dem er mit einem berechtigten Spott hinzufügt: „Es mag für gewisse Temperamente etwas sehr Verführerisches haben, die aus der Lehre sich leicht ergebenden Consequenzen auch zu ziehen; allein hiermit sind dieselben doch noch keinesfalls erwiesen. Es ist bis jetzt noch nicht gelungen, die Gesellschaft Kohlenstoff und Compagnie bei der Gründung der Plastidulenseele auch nur als Problem bestätigt darzustellen." Daraus ergibt sich für den verständigen Forscher von selbst: „Probleme soll man erforschen, aber nicht lehren. Für die Probleme mag man die Nation, wenigstens den hinreichend für dergleichen Dinge vorgebildeten und urtheilsfähigen Theil der Nation zu interessiren suchen; nimmermehr aber dürfen diese Dinge Gegenstand einer in den allgemeinen Unterrichtsanstalten vorzutragenden Lehre werden." Um so mehr, „als der Socialismus mit der Descendenztheorie bereits Fühlung hat." Gewiss ein gewaltiges Argument. Wie gegenüber der schrankenlosen Gier des Socialismus das Eigenthum, gegenüber der schrankenlosen Freiheit die Zucht, so muss gegenüber der schrankenlosen Wissenschaftssucht der Besitzstand der Wahrheit festgehalten werden. „Diesen Besitz müssen wir erhalten und uns hüten, zu weit zu gehen. Mässigung, Verzicht auf persönliche Liebhabereien wird nöthig sein, um die günstige Stimmung im Volksbewusstsein zu bewahren, auf der die Wirksamkeit wissenschaftlicher Arbeit ruht." Es ist ein conservativer Ton im besten Sinne des Worts, der durch diese Aeusserungen des gelehrten Fortschrittsmannes hindurchklingt, ähnlich wie er kürzlich durch Kundgebungen des Politikers Forckenbeck hindurchtönte. Endlich wird man auf liberaler Seite klar darüber, dass es auf die Dauer nicht geht, immerzu nur abzuschaffen, aufzuheben, anzuzweifeln und zu negiren. Ohne Pietät gegen die Realitäten des nationalen und religiösen, des Staats- und Familienlebens ist im Grunde kein Volkswohl möglich; und eine Wissenschaft, die jene Pietät verletzt, sie wohl gar dem Volk zum Gespött macht, versündigt sich am Vaterlande ebenso wie an der Wahrheit. Dagegen wenn die Wissenschaften diese Pietät üben, ist zwischen ihnen eine förderliche Gemeinschaft und eine gegenseitige Anerkennung wohl möglich. Höchst interessant war in dieser Hinsicht die Parallele, welche Virchow zum Schluss zwischen der Naturwissenschaft und der

Theologie zog. Jene enthalte ein subjectives Wahrnehmen und objectives Erkennen, dazwischen einen Strom, den man nicht füglich anders als eine Art Glauben nennen kann. Ebenso die Theologie, welche sich aus einem historisch-dogmatischen Wissen und einer subjectiven Eingebung in Phantasie und Vision zusammensetze, dazwischen aber eine Strömung des Glaubens schlechthin habe. Allerdings suche die Naturwissenschaft diesen Glaubensstrom einzuengen, während ein solches Bestreben bei der Theologie fehle.

Man wird von VIRCHOW nicht fordern dürfen, dass er das Wesen der Religion und Theologie richtig bezeichne. Aber man wird sich doch der nüchternen Erkenntniss bei ihm freuen dürfen, dass die Naturwissenschaft nicht ohne ein Element des Glaubens sein kann und die Glaubenswissenschaft des objectiv wissenschaftlichen Charakters nicht entbehrt. Wir fordern von den Naturforschern nichts als das Zugeständniss, dass es jenseits ihrer Resultate ein Gebiet des Unsichtbaren und Unerforschlichen gibt, wohin die Loupe und das Secirmesser nie dringen werden, wo allein der Glaube und die Offenbarung ihr Reich haben. Wäre diese Grenzmarke immer richtig inne gehalten, so würden Theologie und Naturforschung nicht in einem Gegensatz stehen, der beiden schädlich ist, und eine Professorenerscheinung wie die HAECKEL's wäre eine Unmöglichkeit.

II. Stimme des ultramontanen Clerus in der „Germania"
(Nr. 220, Beilage, vom 25. September 1877).

„Resignation und Bescheidenheit" war die Signatur der dritten allgemeinen Sitzung der 50jährigen Naturforscher-Versammlung, und dieselbe wurde von keinem Geringeren gepredigt, als von Professor VIRCHOW. Derselbe, mit kaum enden wollendem Jubel empfangen, führte unter der Flagge: „die Freiheit der Wissenschaft im modernen Staat" wahrhafte Keulenschläge gegen seinen ehemaligen Schüler HAECKEL, gegen die DARWIN'sche Descendenz, die Affentheorie u. s. w. VIRCHOW's Rede richtete sich namentlich gegen das Verlangen HAECKEL's, dass die Descendenztheorie sofort schon in unser Unterrichtswesen aufgenommen werden solle. VIRCHOW betonte, dass solche Theorieen sich in den Köpfen der Laien ganz anders ausnähmen, als in denen der Forscher. Wo der Forscher bescheiden noch zweifle, sei derjenige, dem das eigentliche Verständniss fehle, um so zuversichtlicher. Man müsse unterscheiden zwischen dem, was als Problem aufgestellt werden könne, und dem, was man lehre. Zu lehren seien nur objective Wahrheiten. An der Discussion der Probleme möge die Nation theilnehmen, niemals aber dürften sie dogmatisch behandelt werden. Bis jetzt sei für HAECKEL's moderne Seelentheorie kein Beweis erbracht worden und er, Redner, bezweifle, dass, wenn sich Atome Kohlen-, Sauer-, Stick- und Wasserstoff mit einander vergesellschafteten, gleichzeitig in diesem Element eine Seele existire. Weshalb wolle man diese Hypothese in die Köpfe der Schulkinder bringen? Die Consequenzen würden höchst bedenklich sein, wenn die Socialisten sich der Descendenztheorie bemächtigten. Nichts sei thörichter als z. B. an die Stelle der Kirche die Descendenzlehre setzen. Der Glaube sei nicht allein eine Sache der Kirche, sondern er gehöre auch der Wissenschaft an, denn sie setze sich zusammen aus objectiven Thatsachen, subjectiven Anschauungen und Wissen. Die Entwickelung von geringeren Stufen zu immer höheren sei zwar eine rein naturwissenschaftliche Forderung, aber **bewiesen habe noch Niemand, dass eine Entwickelung vom Affen zum Menschen durch Zwischenglieder möglich sei.** Zwar sei der früher geleugnete „fossile Mensch" eine Wahrheit, aber die gefundenen Schädel von Höhlenbewohnern der Tertiärzeit seien keineswegs von denen der modernen Menschen durch irgend eine Kluft unterschieden. Bis jetzt sei auch noch kein Affenschädel gefunden worden, bei dem man hätte in Zweifel sein können, ob er einem Affen oder Menschen angehöre, und ausserdem sei die Kluft zwischen dem Schädel des niedrigststehenden Menschen und dem des Affen noch sehr gross. Jeder öffentlich lehrende und sprechende Naturforscher müsse Resignation üben und bescheiden sein, denn dann nur sei die Freiheit der Wissenschaft gewährleistet. Geschehe dies nicht, so seien Rückschläge unausbleiblich.

Der Vortrag VIRCHOW's erregte selbstverständlich grosses Aufsehen, umsomehr, als bereits am Tage vorher der Botaniker NÄGELI, von dem ich berichtete, dass Niemand seine Rede verstanden, nach Ausweis des am nächsten Tage vorliegenden gedruckten Berichts ebenfalls das DU BOIS-REYMOND'sche „Ignorabimus" acceptirte und eine „vernünftige Entsagung" predigte. Es mag dahin gestellt bleiben, ob die deutsche Naturforschung einem Triumvirate, dem Männer wie DU BOIS-REYMOND, VIRCHOW und NÄGELI angehören, folgen wird; **soviel steht fest: die Haeckelianer resp. Affenfanatiker haben in München eine grosse Niederlage erlitten.**

III. Stimme von Oscar Schmidt im „Ausland"
(Nr. 48, vom 26. November 1877).

Am 18. September 1877 hielt HAECKEL in der öffentlichen Sitzung der Naturforscherversammlung in München einen Vortrag über die Bedeutung und Tragweite der Descendenzlehre, welcher von dem zuhörenden Publikum tüchtig beklatscht und wenige Tage später von eben demselben hochverehrten Publikum nach Anhörung einer VIRCHOW'schen Gegenrede durch noch stärkere, dieser letzteren gewidmete Beifallssalven gründlich abgewiesen wurde. HAECKEL gab nichts als eine Blumenlese aus seinen allbekannten Werken, jedoch mit der Nutzanwendung, dass die Descendenzlehre auch in die Schule Eingang finden solle. Auch berief er sich auf die — nennen wir das Ding nur beim rechten Namen — verunglückte Hypothese vom Gedächtniss der Plastidule, als auf eine wohlbegründete Basis für die Psychologie.

VIRCHOW benutzt bekanntlich die akademischen und parlamentarischen Ferien, um bald im Centrum, bald an den äussersten Grenzen Europa's, manchmal, scheint es, an mehreren Orten zugleich, die gelehrte und ungelehrte Menge politisch-naturwissenschaftlich zu haranguiren. In den Programmen der Wanderversammlungen pflegt zu stehen: Herr VIRCHOW wird über ein noch nicht bestimmtes Thema sprechen. Er profitirt dann von der augenblicklichen Lage, natürlich mit Geschick und Glück. Und so fiel ihm diessmal HAECKEL zum Opfer und diejenigen, welche ähnlich über die Sicherheit der Descendenzlehre denken. VIRCHOW's Rede liegt jetzt unter dem prachtvollen Titel: „Die Freiheit der Wissenschaft im modernen Staate" vor. Ich fühle mich durchaus nicht verpflichtet, HAECKEL's specifische Art zu vertheidigen, obgleich ich, abgesehen von den utopischen Plastidülen, auf demselben Grund und Boden stehe. Noch weniger möchte ich in die seichten Schmähungen einstimmen, die aus dem Kreise eines gewissen Theiles der Tagespresse über VIRCHOW seitdem ergossen wurden, wie ich diesen nicht beneide um die Lorbeeren, die ihm die Zweifel an der objectiven Wahrheit der Descendenzlehre von anderer Seite eingetragen haben. Aber was VIRCHOW über die Descendenzlehre vorgebracht hat, ist doch so überraschend und scheint mir sachlich so vollständig verfehlt, dass es einer näheren Besprechung von unserem Lager aus bedarf.

VIRCHOW's Behauptungen lassen sich, grösstentheils mit seinen eigenen Worten, so formuliren:

1) Die Descendenzlehre ist noch keine sicher beglaubigte wissenschaftliche Wahrheit (S. 9);

2) wäre sie Wahrheit, so müsste sie in den Schulplan aufgenommen werden (S. 11);

3) die Descendenzlehre, consequent durchgeführt, hat eine ungemein bedenkliche Seite (S. 12);

4) wir können nicht lehren, dass der Mensch vom Affen oder irgend einem anderen Thiere abstamme (S. 31).

In meinem Katechismus lauten diese Sätze nahezu umgekehrt. Und da ich schon einmal „zur Beruhigung in Fragen der Descendenzlehre" die Feder in die Hand genommen (Ausland 1876), so versuche ich abermals, den Einwendungen zu begegnen und zu zeigen, dass der Lärm, den sie machen, mehr auf Rechnung des Mundes kommt, der sie vorgebracht hat, als der Gründe, mit denen sie belegt wurden. Ich schreibe eine Abwehr auf eine Provocation.

VIRCHOW gibt zu, dass die Descendenzlehre ein die grösste Wahrscheinlichkeit für sich habendes Problem sei. Er spricht, wohlgemerkt, von der Descendenzlehre, nicht vom Darwinismus, und hält den thatsächlichen Beweis für nicht erbracht. Man könnte sagen in diesem Falle genüge schon der negative Beweis, den hier selbst so scharfsinnige Denker, wie FECHNER, zulassen: reines Schöpfungswunder, resp. Entwickelung unter unverständlicher wunderbarer Leitung zu Entwickelungszielen, kurz, Wunder auf der einen, natürliche Entwickelung auf der andern Seite. Aber die Naturforschung, das Wunder perhorrescirend, hat den Beweis angetreten, und etwa neunundneunzig Procent der jetzt lebenden, sagen wir lieber arbeitenden Zoologen sind auf inductivem Wege von der Wahrheit der Abstammungslehre überzeugt worden. VIRCHOW sagt: „Nein, mir gilt die Abstammungslehre nur als eine Speculation; ich verlange den thatsächlichen Beweis." Er hat aber nicht verrathen, warum die Tausende von Thatsachen, die grossen harmonirenden Reihen von Thatsachen, welche nur mittelst der Abstammungslehre erklärt werden können, nicht als eben so viele Beweise für die Wahrheit derselben angesprochen werden dürfen, und was er eigentlich bei Verwerfung des Inductionsbeweises unter einem thatsächlichen Beweise für die Descendenzlehre versteht. Den Sehpurpur, welcher der ausserhalb des Tempels harrenden Menge nicht vorenthalten werden soll, kann man allerdings demonstriren, und so wird freilich die Descendenzlehre, wenn sie so lange als ein esoterisches Geheimniss behandelt werden soll, bis sie thatsächlich demonstrirt werden kann, nie ein Gemeingut werden. Uns Zoologen, in deren Gebiet zu ergehen VIRCHOW neben seinen vielen anderen segensreichen Beschäftigungen noch die Zeit findet, ist daher die Entdeckung, die Descendenzlehre sei noch keine Wahrheit, ganz unverständlich. Er hat einfach eine Behauptung aufgestellt, die wir zurückweisen, eine Behauptung, welche uns mit der naturwissenschaftlichen, von VIRCHOW selbst mit weltbekanntem Erfolg geübten Methode des Forschens und Schliessens in grellem Widerstand zu stehen scheint.

VIRCHOW hält die Descendenzlehre für wahrscheinlich, ist aber auch die Auseinandersetzung schuldig geblieben, welche Gründe und Thatsachen ihm für die Wahrscheinlichkeit zu sprechen scheinen. Er versichert nur, dass es eine Grenze zwischen dem speculativen Gebiete der Naturwissenschaft und dem thatsächlich errungenen und vollkommen festgestellten Gebiete gibt. Und nicht einmal das ist richtig. Wo hört z. B. in der Physik die gesicherte wissenschaftliche Wahrheit auf, und wo fängt die Speculation an? Kann in der Physik und Chemie von Wissenschaft die Rede sein, ohne die Speculation über Atom und Molecül? VIRCHOW will, dass die Wahrheit gelehrt, nicht bloss die crassen, nackten Thatsachen dem Volke als die absolute Wahrheit gezeigt werden sollen. Man lehrt aber gar oft nicht das, was Wahrheit ist, sondern was man für Wahrheit hält. So werden die politischen Lehren der Fortschrittsmänner, über die sich bekanntlich vom staatswissenschaftlichen Standpunkte streiten lässt, von den Führern der Partei, wo sich nur immer die Gelegenheit bietet, als sicher beglaubigte Wahrheiten der Nation zum verzehren und verdauen empfohlen. Und so ist diese Grenze zwischen dem, was zu lehren erlaubt oder nicht erlaubt sein soll, eine reine Fiction.

„Wenn die Descendenzlehre so sicher ist, wie Herr HAECKEL annimmt, dann müssen wir verlangen, dann ist es eine nothwendige Forderung, dass sie auch in die Schule muss." Ich glaube nicht, dass die deutschen Pädagogen Herrn VIRCHOW ob dieses Satzes mit dem dignus est intrare in nostro docto corpore bewillkommnen werden, und HAECKEL, von dem der Vorschlag ausgeht, wird das Schicksal theilen. Unter der Schule verstehen beide die Volks- und Bürgerschule, wenigstens spricht VIRCHOW von „Schulmeistern", welche unwillkürlich die aufgenommene Lehre ihren Schülern überliefern würden. Jedes Kind müsste in dem Augenblicke, wo die Descendenztheorie gewiss sei, sie als Grundlage seiner ganzen Vorstellung mit auf den Lebensweg bekommen. Obgleich ich mit den meisten jetzt lebenden Zoologen bei der Fülle der Beweise der Descendenzlehre, welche VIRCHOW, allerdings kein

Zoolog, nicht kennen will, obgleich ich, sage ich, die Descendenzlehre ohne Bedenken nach Virchow's Vorschrift „beschwören" würde, möchte ich doch die Confusion nicht verantworten, die aus der Aufnahme der Abstammungslehre in den Volksschulplan entstehen müsste. Ich habe gar keine Ahnung, wie in den Seminarien die „Schulmeister" und in welchen Klassen die Bauernjungen und die künftigen Tischler- und Schusterlehrlinge die Grundlagen und die Möglichkeit des Verständnisses für eine Lehre hernehmen sollten, die das Resultat der gesammten modernen Geologie, Geographie und Biologie ist. Das wäre ein pädagogisches Kunststück, das auch auf anderen Gebieten des höheren Wissens noch niemand fertig gebracht hat, wo man gleichfalls den Kindern das Pferd nicht beim Schwanze aufzäumt. Aber Virchow hat in einem Satze die Volksschule und die Nation im Munde, als ob alles, was „die Nation verzehren und verdauen" soll, ihr durch die Volksschule zugeführt werden könnte. In der Volksschule können die Naturwissenschaften nur den wohlgeordneten Stoff eines höheren Anschauungsunterrichtes abgeben, und der ist auch für den Lehrer, der zum Denken und Urtheilen erzieht, so interessant, dass er sein Mehrwissen dabei gern in sich verschliessen wird. Wenn er seine Schüler richtig beobachten und vergleichen lehrt, so werden sie hoffentlich auch als erwachsene Leute von der Descendenztheorie gelegentlich hören dürfen, ohne Schaden zu nehmen an ihrer Seele.

Die Descendenzlehre verlangt, um verstanden zu werden, eine Reife des Alters und des Urtheils, welche in der Volksschule nicht erreicht wird. Ich bin sogar der Meinung, dass sie auch in der Mittelschule nicht entwickelt werden kann, wie denn wirklich Tausende von Mittelschullehrern diese Resignation üben, obschon sie auf der Universität die Zoologie nur als Descendenzlehre kennen lernten, und ihr ganzes Denken davon beeinflusst ist. Es wird ihnen diess kaum schwerer fallen, als ihren philologischen Collegen, nicht mit Sophokles und Pindar herauszuplatzen, während sie τύπτω einüben. Etwas anderes ist es, den vorgeschrittenen Schüler auf die einzige Möglichkeit der Erklärung des thatsächlichen Befundes, z. B. der geographischen Verbreitung der Organismen, der typischen Uebereinstimmung und Aehnliches hinzuweisen und die Reize des späteren Studiums in Aussicht zu stellen.

Wir halten, trotz Virchow, die Descendenzlehre für bewiesene Wahrheit, wünschen sie trotzdem nicht in den Schulplan aufgenommen und hören nun mit gesteigertem Erstaunen, dass sie eine ungemein bedenkliche Seite hat. Dieses Wort Virchow's ist für alles, was Reactionär heisst, Götterspeise. Die Descendenzlehre bedenklich, gefährlich! Von einem Beweise dieser nicht noblen Beschuldigung bei Virchow, der so sehr auf die Wahrheit der Lehre hält, keine Spur. Er hat nur einige dunkle Andeutungen fallen lassen von „ähnlichen Theorien — welchen? — im Nachbarlande" und hat seinen Zuhörern und Lesern das Problem hingeworfen, sich von der im Kopfe eines Socialisten durch die Descendenzlehre angerichteten Verwirrung eine Vorstellung zu machen. Das ist in der That eine schwierige und noch dazu sehr undankbare Aufgabe, obgleich das Publikum des Herrn Virchow in München anderer Meinung zu sein schien. Wenn die Socialisten klar denken würden, so müssten sie alles thun, um die Descendenzlehre zu verheimlichen, denn sie predigt überaus deutlich, dass die socialistischen Ideen unausführbar sind. Uebrigens sollte es einem Virchow doch nicht begegnen, hier wieder die Descendenzlehre mit dem Darwinismus zu verwechseln. Auf diesen beruft sich eine socialistische Schrift, an welche man allenfalls hier denken kann; die darin sich offenbarende Querköpfigkeit wird man aber doch wohl nicht der Descendenzlehre oder dem Darwinismus aufbürden? Ob Herr Virchow dieses Buch kennt, weiss ich nicht. Aber warum hat er nicht die milden Lehren des Christenthums für die Ausschreitungen des Socialismus verantwortlich gemacht? Das hätte noch einen Sinn. Seine ins grosse Publikum geworfene Denunciation, so mysteriös, so zuversichtlich, als handelte es sich um „eine sicher beglaubigte wissenschaftliche Wahrheit", und doch so hohl, vermag ich mit der Würde der Wissenschaft nicht in Einklang zu bringen.

Bisher hat die Menschheit sich so entwickelt, dass die guten Ideen allmählig siegen. Für unser Geschlecht veredelt sich der Kampf ums Dasein in den Kampf um die Wahrheit. So fassen wir, die geschworenen Anhänger der Descendenzlehre, dieselbe auf, wenigstens so lange, bis Virchow uns das Gegentheil klar gemacht haben wird.

Und nun noch einige Worte über den letzten Punkt. „Wir können nicht lehren, dass der Mensch vom Affen oder irgend einem anderen Thiere abstamme." Das ist buchstäblich richtig. Wir können weder den Affen noch eine andere Thierart namhaft machen, um ihn als unseren Urgrossvater der Mitwelt vorzustellen. Wir können aber mit der grössten Gewissensruhe behaupten, dass der Mensch thierischen Ursprungs sei. Hiervon ist Virchow selbst so sicher überzeugt, wie von seiner eigenen Existenz. Wäre er es nicht, so würde er alle wissenschaftliche Methode, alle Berechtigung der dem wahren Forscher unentbehrlichen Deduction verwerfen. Wir können auch mit unbedingter Sicherheit die Richtung angeben, von wo aus die Entwickelung des Menschengeschlechtes stattgefunden hat, und mehr besagt der von Haeckel aufgestellte Stammbaum nicht. Wenn der Astronom einen Kometen entdeckt, ihn aber nur so kurze Zeit sieht, dass er die Elemente seiner Bahn nicht bestimmen kann, ist er gleichwohl über die Natur des Kometen und die Natur seiner Bahn nicht im Zweifel; sie ist ihm wissenschaftliche Wahrheit, er würde über die Tüftelei von subjectiver und objectiver Wahrheit in diesem Falle lachen und die Entdeckung dieses Kometen als wahrhaftigen Kometen niemand vorenthalten. Mit demselben Rechte lehre ich, dass der Mensch thierische Vorfahren hat. Die Formulirung, welche Virchow zum Nutzen schreckhafter Fortschrittsphilister diesem Satze gegeben, ist eine Haarspalterei, welche mit der Freiheit der Wissenschaft im modernen Staate und der Mässigung, der wir uns befleissigen sollen, nichts zu schaffen hat.

Strassburg im Elsass.

Oscar Schmidt.

IV. Stimme der liberalen „Frankfurter Zeitung"
(Nr. 271, Morgenblatt vom 28. September 1877).

Noch selten haben die Verhandlungen der deutschen Naturforscher in der Oeffentlichkeit ein so lautes und lebhaftes Echo gefunden, wie in diesem Jahre zu München. Sind es doch nicht blosse Fachgegenstände und specielle Forschungen, die dort zur Erörterung gekommen sind, sondern auch die wichtige Frage, wie die Resultate der Wissenschaft für das Leben und die höchsten Ziele der Menschheit verwendbar gemacht werden können und sollen, ist in einer Weise angeregt und discutirt worden, welche der öffentlichen Aufmerksamkeit in hohem Grade werth ist. Man weiss, dass der Stillstand der legislatorischen Arbeiten der deutschen Nation von verschiedenen Seiten aus als Parole ausgegeben worden ist. In München nun handelte es sich um die Frage: Soll auch die Wissenschaft stille stehen, sie, die im Begriffe ist, aus dem engen Kämmerlein des einzelnen Gelehrten herabzusteigen unter die lauschende Menge und mit ihrem strahlenden Lichte überall hineinzuleuchten, wo es noch dunkel ist auf Markt und Gassen, in Land und Stadt, in Hütte und Palast? Die Frage ist auf der einen Seite bejaht, auf der andern verneint worden, und da keine Abstimmung vorgenommen werden konnte, so blieb sie ungelöst. Aber nur formell ungelöst; thatsächlich ist sie als entschieden zu betrachten.

Schon die Rede des Professors NÄGELI versetzte den Zuhörer mitten in die Sache hinein. Dr. DU BOIS-REYMOND, der Professor der nationalen Beschränktheit, hatte in einer früher auf die Naturforscher-Versammlung gehaltenen Rede auch das Dogma von der intellectuellen Beschränktheit aufgestellt und vertheidigt: Wir wissen nichts und werden nichts wissen. In diesem Satze liegt keine sokratische Bescheidenheit, und darum konnte ihm ohne Ueberhebung Professor NÄGELI den Satz gegenüber stellen: Wir wissen und wir werden wissen! Freilich mit der selbstverständlichen Einschränkung: Nach Massgabe unserer Mittel, unserer intellectuellen Kraft, unserer endlichen Individualität. Nichts, was uns angeht, was wir wissen müssen, kann uns verborgen bleiben. Nur was über die Grenze des Immanenten, des in der Welt Liegenden hinausgeht, bleibt uns verborgen. Aber dies kann uns nicht kümmern, denn was wir nicht wissen können, das ist so viel, als wenn es gar nicht existirte. Nur mit dieser gleichzeitigen Ausdehnung und Beschränkung, die es dem Menschen und der Welt ermöglichen, ihre Sphäre allein und ganz ohne Nebenregierung und ohne Geheimniss auszufüllen, ist die Existenz der Welt und die Freiheit, Selbstständigkeit und Verantwortlichkeit des Menschen denkbar. Erst muss die Emancipation des Individuums von der Herrschaft des Uebernatürlichen, Unbegreiflichen und Transcendenten ausgesprochen werden, ehe von einer weiteren Entwickelung die Rede sein kann. Mag dies vorerst auch nur theoretisch geschehen, die Zeit wird die Praxis schon nachholen.

An diesem Punkte setzte die Rede ERNST HAECKEL's ein. Ist die Individualität des Menschen abgegrenzt, so handelt es sich um seine Entwickelung.

Auch hier finden wir kein Zuthun von Aussen, nur ein allmähliges Werden von Innen heraus. Es existirt kein Naturgesetz, ausser lebendig in den Naturdingen selbst. Die Natur ist die Erscheinung des Gesetzes, das Gesetz ist die Abstraction der Natur. Sollen wir vor den Erscheinungen des sogenannten Geistes Halt machen? Wir können nicht, auch wenn wir wollten; denn wir suchen und finden im Geiste dieselben Gesetze, wie bei jenen Dingen, denen wir den Geist nicht zuzuschreiben pflegen. Es ist kein qualitativer, nur ein quantitativer Unterschied zwischen beiden. Aber ein neues Moment tritt hinzu: die Gemeinschaft. Die einzelnen Individuen organisiren sich und vertheilen die Arbeit: es wird der Staat, die menschliche Gesellschaft. Die Bedingungen ihrer Existenz sind, der höheren Organisation gemäss, complicirter, aber sie sind darum doch natürlich, logisch, erkennbar, beweisbar. Das Naturgesetz der Gesellschaft ist die Moral; nicht das von aussen auferlegte Gebot, sondern das von innen heraus wirkende, unbeugsame und unerbittliche Naturgesetz. HAECKEL ist nicht der Erste, der die Nothwendigkeit, an die Stelle der alten heteronomischen Moral eine neue, natürliche zu setzen, ausgesprochen hat, aber Keiner war so geeignet wie er, aus der Fülle seiner naturwissenschaftlichen Erkenntniss heraus diese Nothwendigkeit mit einer gewichtigen Begründung zu versehen. Man braucht indess keine Furcht zu haben. Durchaus neu und unerhört wird das HAECKEL'sche Moralgesetz nicht sein. Die Natur hat im Laufe der menschheitlichen Entwickelung schon selbst dafür gesorgt, dass ihre Gesetze auch hie und da ausgesprochen werden. Die Autorität, mit der sie dies erzwingt, ist die Erfahrung. Nur wird ihr Spruch nicht immer befolgt und das Unwesentliche, was ihm anklebt, wird für wesentlich gehalten. Wenn jetzt der Spruch, auf Grund und Autorität der Naturwissenschaft, wieder rein erklingt, so kann er nur die Fälscher der Moral erschrecken, die für den Bestand ihrer Herrschaft fürchten. Das Naturgesetz des Geistes, die Moral, ist sehr einfach; es verlangt nur die individuelle, aus dem eigenen Willen hervorgehende Bewegung des Einzelnen und die Verpflichtung der Individuen in und unter das grosse Ganze. Jene sichert die Entwickelung der Einzelindividuen, diese den Bestand der Gesellschaft. Jenes ist die Freiheit, dieses ist die Liebe. So alt diese Moral ist, der Versuch, das blosse Wortgeklingel, bei dem es bis jetzt geblieben ist, in die That umzusetzen, ist jedesmal neu. Ob die Wissenschaft diese Wiedergeburt der natürlichen Moral aus voller Kraft unterstützen, ob sie insbesondere in die Schule herabsteigen soll, diese Frage hat ERNST HAECKEL aufrichtig bejaht.

Verneint ist die Frage worden von einem hervorragenden Führer jener Partei, die vom Fortschritt ihren Namen führt, von Professor VIRCHOW. Mit Aufwand aller Beredtsamkeit bekämpfte er die HAECKEL'sche Descendenzlehre und redete der wissenschaftlichen Selbstbeschränkung das Wort. Er warnte davor, die Zukunft zu gefährden durch zu grosse Benutzung dessen, was die Gegenwart darbietet; er hob die Schwierigkeit hervor, der Nation eine wissenschaftliche Wahrheit als ganz sicher zu überliefern, und wollte nicht, dass eine Lehre in der Schule vorgetragen werde, die nicht vollständig erwiesen sei. Sieht man von der speciellen Polemik VIRCHOW's gegen

HAECKEL ab, so bleibt doch noch genug übrig, um zu constatiren, dass die Standpunkte beider Forscher diametral einander gegenüber stehen. Man kann der Ansicht sein, dass HAECKEL etwas zu weit ging, als er von der Einführung der Descendenzlehre in der Schule sprach, aber so eng, als VIRCHOW sie fasste, ist die Frage lange nicht. Es handelt sich nicht darum, in der Volksschule einen Cursus für Forscher zu geben und die zwölfjährige Jugend mit Moneren zu füttern, wohl aber handelt es sich darum, ob der Schulunterricht in einer Weise gehandhabt werden soll oder nicht, die mit dem Standpunkt der heutigen Wissenschaft vereinbar ist. Wir machen ein neues Unterrichtsgesetz, eine Quelle geistigen Glücks oder Unglücks für die gesammte Nation auf viele Jahre hinaus. Nicht der HAECKEL'sche Urschleim Bathybius soll in den Schulplan kommen und auch nicht die generatio aequivoca soll experimentirt werden; wohl aber fragt es sich: Ist die Grundlage, auf der bisher der Volksschulunterricht sich aufbaute, eine vernunftgemässe, wahrheitsgetreue und moralische, oder ist sie nicht vielmehr der Art, dass jeder Einsichtige, auch wenn er kein Professor ist, ihre Beseitigung dringend wünschen muss? Was die Wissenschaft in diesem Punkte sagt, das ist lange nicht so unsicher, wie Herr VIRCHOW die Wahrheiten der Wissenschaft hinstellt. Wir brauchen nach dem Positiven noch gar nicht zu fragen, schon das Negative ist erdrückend und vernichtend. Herr VIRCHOW hat einst bezüglich der Stigmatisirten von Bois d'Haine ausgerufen: „Entweder Wunder oder Betrug!" Selbstverständlich glaubte Herr VIRCHOW nicht an das Wunder, somit musste er die Ueberzeugung haben, dass ein Betrug vorliege. Vorsichtigere Leute waren der Ansicht, dass diese Alternative zu eng gefasst, und dass wohl keines von beiden Dingen im Spiele sei. Wie dem auch sei, die Alternative, die, auf den einzelnen Fall angewendet, zu schroff ist, stellt sich als ganz richtig heraus, wenn sie, im Grossen und Ganzen, historisch aufgestellt wird. Der natürliche Vorgang, der aus Mangel an Einsicht oder gutem Willen als Wunder ausgegeben, gelehrt und überliefert wird, ist auch ein Betrug, der in den meisten Religionen, so auch im Christenthum, ganz folgerichtig wie seine Geschichte, so auch seine Nomenclatur hat: er heisst der fromme Betrug. Es kann dem Herrn VIRCHOW nicht unbekannt sein, dass diesem frommen Betruge die Wissenschaft ein Ende gemacht hat, und die Wissenschaft heute in die Schule hineinbringen, will nichts Anderes heissen, als Alles aus der Schule hinausschaffen, was mit dieser Wissenschaft absolut unverträglich ist. Oder hält vielleicht der Herr Professor VIRCHOW das Stillstehen der Sonne im Josua'schen Sinne oder die Auferstehung Christi für Dinge, die wissenschaftlich nicht anzugreifen sind? Sollen sie also immer noch von Staats wegen gelehrt, soll immer noch auf ihnen das ganze Gebäude des öffentlichen Unterrichts aufgeführt werden?

So die Angelegenheit praktisch zugespitzt, erscheint der VIRCHOW'sche Rückzugsruf in unheimlicher Beleuchtung, und es ist nicht zu verwundern, dass alle Organe des Rückschritts die Hand des unerwarteten Bundesgenossen ergreifen. Damit aber auch in politischer Beziehung kein Zweifel erstehe, wie der Ruf gemeint sei, hat VIRCHOW die enge Verbindung der Descendenztheorie mit der socialdemokratischen Theorie demonstrirt und — denuncirt.

Die Fadenscheinigkeit dieses Arguments kommt allerdings nur auf Rechnung des Politikers, aber der Naturforscher wird sich nicht darüber beklagen dürfen, wenn man aus allen seinen Ausführungen die rückschrittliche Tendenz herausliest. Es wäre ein gewichtiges Wort gewesen, das VIRCHOW an der Seite HAECKEL's zu Gunsten des geistigen Fortschritts, namentlich in Bezug auf das in der Schwebe befindliche Unterrichtsgesetz, in die Wagschale hätte werfen können; er hat es nicht gethan, er hat im Gegentheil angeklagt und zu hemmen versucht, wo noch die Beschleunigung noth thut. Ob VIRCHOW's Angstruf Erfolg hat? Schwerlich. Die Wissenschaft lässt sich nicht mehr in das Professorenkämmerlein sperren; mit ihrem feinen Geäder ist sie in alle Ritzen des Gesellschaftsgebäudes eingedrungen und will zu einer neuen luftigen Halle heranwachsen. Wer vernünftig ist, der hemmt nicht den Strom, sondern sucht ihn zu leiten. Dass aber die moderne Anschauung und die praktische Wirksamkeit der Wissenschaft bereits viel zu stark ist, als dass sie sich wieder in Zunftschranken eindämmen liesse, das hätte einem Manne wie VIRCHOW nicht entgehen sollen.

Trotz des Beifalls, den VIRCHOW's Rede fand, hat die Münchener Naturforscherversammlung sich für HAECKEL entschieden, und der nicht bloss wissenschaftlich gebildete, sondern auch unbefangene und freisinnige Theil der Nation wird diesem Entscheide sich anschliessen.